移転価格ローカルファイル作成実務と実践上の留意点

編著
[弁護士] 大沢 拓
[税理士]
牛島 慶太
平野 潤一
梶巻 重幸
坂本 安孝

清文社

まえがき

　本書は、移転価格文書の一つであるローカルファイル（LF）作成の手引書です。

1　LFの重要性

　LFは、OECDのBEPSプロジェクトの成果を受けて、平成29年4月以降開始する事業年度において、内国法人に同時文書化（＝各事業年度における文書の作成・更新）が義務付けられた移転価格文書です。

　LFは、他の移転価格文書（マスターファイル（MF）、CbCレポート）と比較して、企業グループの事業規模を問わない点で適用範囲が広いものです。またLFは、個別の国外関連取引の対価の相当性に係るものであり、課税庁により対価の相当性が否定されることは、すなわち移転価格課税を意味することから、実務上特に重要な文書といえます。

2　本書の構成

　上述したLFの重要性に関わらず、同時文書化制度に関する既刊書は満遍なく各移転価格文書に言及するものであり、LFに関する記述は、その意味で限定的なものに留まっていました。そこで本書では、専らLF作成の参考となることを念頭に置き、記述の過半を、LFの作成上検討すべき論点、及びLFの参考書式に充てました。

　一方で、MFは、LF作成の前提となる企業グループ全体の、①機能リスクの概要及び②移転価格ポリシー（＝国外関連取引の対価設定の方針）に言及するものであり、LFの作成上参照すべきことから、その概要を述べると共にサンプル書式を収載しました。

　また本書では、事前確認制度（APA）にも一定の紙幅を割いています。これは内国法人が、各国外関連取引に係るLFを作成する一方で、移転価

格課税のリスクが相対的に高いものにAPAを申請する実務があることを踏まえたものです。

3　想定する読者

本書では、企業担当者等、移転価格文書の作成に携わる読者が、自らLFを作成し、また、専門家と連携してLFを作成する際に、本書を参照することを想定しました。

本書では、移転価格税制に関する基礎的な概念（国外関連者、国外関連取引、機能リスク等）や法令が規定する独立企業間価格の算定方法について、最低限の知識があることを前提にしています。

すなわち、上述の基礎的な知識は、国税庁のウェブページや移転価格分析に関する概説書等より比較的容易に得られるところであり、本書で改めてこれらに触れることは、多くの読者にとって退屈であるものと考えた次第です。

4　関連資料（国税庁公開資料）について

ご存知のとおり、国税庁は、以下の各資料をウェブサイト他で公開しており、これらはLF作成に当たり第一に依拠すべきものです。

・独立企業間価格を算定するために必要と認められる書類（ローカルファイル）作成に当たっての例示集（以下「例示集」）
・移転価格ガイドブック「Ⅲ　同時文書化対応ガイド」（以下「庁サンプル」）

本書では、例示集よりさらに踏み込んで、LF作成上枢要な各論点（機能リスク分析、算定方法の選択等）につき、より実践的な指針を提示し、読者の検討の便宜となることを目指しました。

また、庁サンプルは、いずれも取引単位営業利益法（TNMM）を適用したものであることから、本書では、TNMMの他、実務上使用される各手法を用いた4つのLFサンプルを収載しました。

5　本書成立の経緯

　本書の著者5名は、いずれも課税庁で相当数の移転価格事案に携わり、現在は専門家（税理士及び弁護士）として、法人の文書化支援業務の他、移転価格事案に関与する者です。

　すなわち、小職（大沢）は、平成23年7月から平成25年7月までの2年間、弁護士資格を持つ任期付職員として大阪国税局調査第一部に所属し、その間、上司として小職の拙い仕事振りを見守ってきたのが、牛島、平野、及び梶巻税理士です。

　小職は、昨夏、清文社より国際税務の書籍の出版を打診頂き、坂本税理士と共に合同会社フォースを組成していた牛島税理士らに本件を相談し、以降、本書の共同執筆の企画が進行致しました。

　また、本書記述のうち第1章から第3章の一部は、税務研究会「月刊 国際税務」2017年9月号の小職の記事「ローカルファイル作成のポイントとケーススタディ〜無形資産を中心に」が原型となっており、巻末に収録した論述「重要な無形資産の認定」は、同誌2014年4月号の記事を転載（一部加筆）したものです。この場を借りて、記事転載をご快諾頂いた税務研究会様に御礼申し上げます。

　また著者らと同じく課税庁で移転価格事案に携わってきた北野英世税理士には、原稿すべてを査読のうえ、貴重なコメントを頂きました。

6　最後に

　移転価格分析は、一義的に解を得られるものではなく、分析結果を移転価格文書に記述するに当たっても、対処療法的な側面は否めません。

　すなわち、取引の態様がますます多様化する現在において、取引のあるべき対価を如何に算定するかは極めて困難な問題です。加えて、国外関連取引の対価如何は、関連国家間の利害（税収）に直結するものであり、理論的な面に加えて、関連国家の動向が実務を左右しています。

この困難な問題に対し、著者らは、一般に支持され得る見解を提示すべく、持てる知見と経験を統合すべく試みました。かかる試みがどれほど奏功したか、読者諸賢のご意見を待ちたいと存じます（なお、平成30年2月16日付で「『移転価格事務運営要領』の一部改正について（事務運営指針）」が発出されました。本書においても急遽この改正に対応し、収録することとしました）。

　最後に、この企画にご賛同頂くと共に、捗らない原稿を辛抱強くお待ち頂いた清文社の東海林様と中村様に改めて御礼申し上げます。

平成30年2月

　　　　　　　　　（僭越ながら）著者を代表して
　　　　　　　　　弁護士・カリフォルニア州弁護士　大沢　拓

移転価格ローカルファイル
作成実務と実践上の留意点
CONTENTS

第1章 移転価格ローカルファイル(LF)とは何か

第1節 ローカルファイル(LF)の目的及び作成義務 ……… 3

1. ローカルファイルの目的　3
2. ローカルファイルの作成義務　3
3. ローカルファイルの作成の意義　4

第2節 ローカルファイルと他の移転価格文書との関係 ……… 6

1. マスターファイル(MF)　6
   (1) 記載事項　6
   (2) 提出義務　7
   (3) 言語　7
2. CbCレポート　7
   (1) 記載内容　7
   (2) 提出義務　8
   (3) 言語　8
   (4) 情報交換　9
3. ローカルファイル(LF)　9
   (1) 記載内容　9
   (2) 提出義務　9
   (3) 言語　10

4 その他の移転価格文書　12
　（1）　国外のマスターファイル及びローカルファイル　12
　（2）　移転価格ポリシー　12

5 ローカルファイルの作成における他の移転価格文書との関係　13
　（1）　マスターファイル（MF）及びCbCレポート　13
　（2）　国外ローカルファイル　13
　　①　前提事実の一致　13
　　②　移転価格ルールの相違　13
　　③　移転価格が「歪んでいる」場合　14

Column　所得移転の蓋然性について　15

第2章
ローカルファイルを作成する

第1節　ローカルファイルの作成要領　19

1 作成上の参考資料　19
2 相談窓口の利用　19
3 作成上の緩急の付け方　20

第2節　取引の認識及び単位　21

1 取引の認識　21
2 取引単位について　22
　（1）　複数品目を一体的に取り扱うケース　22
　（2）　物品取引と役務提供取引などを一体として取り扱うケース　23
　【参考】OECD移転価格ガイドライン仮訳（2010年版　国税庁）　24

第3節 機能リスク分析 27

1. 機能リスク分析の目的　27
2. 機能等の意義　27
   ① 超過利益　27
   ② 機能　28
   ③ リスク　28
3. 機能リスクの認定　29
4. 機能リスクの立証　30
   ① 関連資料の総合評価を要すること　30
   ② 意思決定主体の立証資料　30
5. 認定の更新　31
   ① 研究開発機能の獲得　31
   ② ビジネスの中心の移転　31

Column 後知恵による課税禁止　32

第3章
ALP算定方法の選定

第1節 算定手法の長所及び短所 35

1. 基本三法　35
   ① 長所　36
   ② 短所　37
2. TNMM　37
   ① 長所　37

② 短所　38
　Column TNMMの功罪　40
3 利益分割法　42
　　　① 長所　42
　　　② 短所　42

第2節 国外関連取引の内容及び各当事者の果たす機能等に対する算定方法の適合性　44

1 国外関連取引の内容　44
2 国外関連取引の当事者の果たす機能等　44
　　　① 重要な無形資産が存在しない場合　44
　　　② 内国法人のみ重要な無形資産の形成等への寄与が存在する場合　45
　　　③ 内国法人と国外関連者の双方に重要な無形資産が存在する場合　45

第3節 算定方法を適用するために必要な情報の入手可能性　46

1 基本三法　46
2 TNMM　47

第4節 国外関連取引と非関連者間取引との類似性の程度　49

1 算定方法による類似性程度の相違　49
2 その他類似性（市場、取引段階及び取引規模）　50
　　　① 市場　50
　　　② 取引段階　50
　　　③ 取引規模　51
3 課税庁との議論に当たって　52

第5節　重要な無形資産の認定──ケーススタディ……54

1　Case Study（1）─国外関連者の主たる機能が販売である場合　55

（1）マーケティング無形資産の認定が容易でないこと　55
（2）マーケティング無形資産を認定し得る場合　55
（3）販売とその他の機能の境界線　56

2　Case Study（2）─国外関連者が製造及び販売機能を有する場合　56

（1）内国法人の無形資産（無形資産の相対性）　57
（2）国外関連者の無形資産（ローカライズ）　57
（3）国外関連者の買収に伴う問題　57
　① インテグレーション（Integration）の問題　57
　② 固有の無形資産の評価　58

第6節　無形資産取引──ケーススタディ……59

（1）無形資産取引の重要性　59
（2）無形資産取引の種類　59
（3）無形資産取引の認識　60
（4）機能リスク分析──Case Study〜研究委託vs共同研究　60
　① 機能　60
　② リスク　62
　③ 法的所有権と経済的所有権　62
（5）算定方法　63
　① 機能リスクとの見合い　63
　② 共同開発契約について　63

第7節 「切出し損益」について ……………………………… 65

1. 損益の切出しとは何か　65
2. 経費の適切な配分　65
3. 切出し不要の取引　66

第8節 比較対象企業の選定 ……………………………………… 67

1. 定量分析　67
   ① 業種　67
   ② 市場　67
   ③ 事業規模　68
   ④ 研究開発費比率　68
   ⑤ 赤字企業でないこと　68
   ⑥ 独立性指標　68
2. 定性分析　69
   ① 事業内容または割合　69
   ② 機能リスク　69
   ③ 事業戦略　70
3. 企業情報データベースの問題　70

第9節 算定手法の適用──差異調整について ……………… 75

第10節 外国の移転価格法規との関係 ………………………… 78

1. 国外関連者の所在地の移転価格ルール　78
   ① 問題の所在　78
   ② 問題の状況　78

② わが国の移転価格ルールとの矛盾の解決　79
　　① 相互協議及び事前確認　79
　　② 移転価格文書の内容の統合　80
Column　ロイヤリティの支払制限　81

第4章
ローカルファイル作成事例を学ぶ

第1節　本書のローカルファイルサンプルの利用法
（国税庁のローカルファイルサンプルとの比較を念頭に）……85

① 国税庁発表の諸資料と本書の目的　85
② 庁サンプルについて　86
　　① 2つのローカルファイルサンプル及びサンプルの構成　86
　　② 庁サンプルの設例とOECDガイドラインの影響　86
　　③ 算定手法（TNMM）　87
　　④ コストマークアップについて　88
　　⑤ 切出し損益及び差異調整　88
　　⑥ 根拠資料　89
　　⑦ 近時の動向との見合い　89
③ 本書のローカルファイルサンプルの位置付け及び利用法　89
　　① 本書のローカルファイルサンプルについて　89
　　② ALPの算定方法の選択　90
　　③ TNMMの利用　90
　　④ 説得的なローカルファイルの作成　91

第2節　ローカルファイル作成事例……92

【事例①】取引単位営業利益法の適用事例　92
　　［事例のポイント］　92
【事例②】再販売価格基準法の適用事例　109
　　［事例のポイント］　109
　　　＊アドバイス―為替リスクの負担と負担割合の取決め　117
　　　＊アドバイス―類似性と差異調整　119
【事例③】寄与度利益分割法の適用事例　126
　　［事例のポイント］　126
　　　＊アドバイス―利益分割法　135
　　　＊アドバイス―分割ファクターの留意点　137
【事例④】海外製造子会社とのロイヤリティ取引事例　142
　　［事例のポイント］　142
　　　＊アドバイス―ロイヤリティ取引　157
　　　＊アドバイス―比較対象取引の適否　158
　Column　グループ内貸付金利息　160

第5章 マスターファイル（MF）の作成事例を学ぶ

第1節　マスターファイルの提出基準は一定ではない　169

第2節　マスターファイルの記載事項　170

第6章
重要な無形資産の認定

第1節 移転価格分析における重要な無形資産の認定の重要性 ... 181

1 算定方法の選択における重要性　181
2 算定方法の適用における重要性　182
3 無形資産に関する議論の規範化の流れ　182

第2節 無形資産の認定に関する議論の乏しさと本稿の意義 ... 184

1 無形資産の認定に関する議論の乏しさ　184
（1） 議論の乏しさとその理由　184
（2） 裁判例の欠如　185
2 本稿の意義と構成　186
（1） 本稿の意義　186
（2） 議論の対象の画定　187
（3） 本稿の構成　187

第3節 重要な無形資産の認定基準と個別の無形資産の認定上の問題点 ... 188

1 重要な無形資産の認定基準　188
（1） 事務運営要領　188
（2） OECD移転価格ガイドライン及び改訂案　189
　① 単一の企業による所有または支配が可能であること　189
　② 通常の収益を超える収益をもたらすこと　190
　③ 独自のものであること　191
（3） 小括　192

第4節 個別の無形資産の認定上の問題点 …… 193

- **1** 特許権等 193
  - （1）製品による排除効及び独自性の程度の相違 193
    - ① 業種による排除効の相違 193
    - ② 新技術のライフサイクルの短期化 194
  - （2）費用額及びリスクの要素 194
- **2** ノウハウ 195
  - （1）製造ノウハウ 195
  - （2）研究開発のノウハウ 195
- **3** 商標及びブランド 196
  - （1）商標等の収益への寄与及び独自性 196
  - （2）業種による蓋然性の相違と現地化の契機の考慮 197
- **4** マーケティング無形資産 197

第5節 手続面（認定を支える証拠及び評価上の留意点）…… 199

- **1** 認定を支える証拠 199
  - （1）各種証拠の総合判断によるべきこと 199
  - （2）業界に係る一般的な情報 199
    - ① 事業者の一般的な利益水準 199
    - ② 事業者の機能及びリスクの構造 200
  - （3）当該法人及び国外関連者に関わる個別の情報 200

第6節 証拠の評価上の留意点 …… 202

- **1** 利益水準の比較 202
- **2** 無形資産の形成に係る機能等の分析 202

（1）　市場を構成する各要素を漏れなくバランスよく考慮すること　202
　　　（2）　時系列に従った評価を行うこと　203
　　③　その他（後知恵の問題）　203
　　④　最後に（議論を尽くすこと）　204
　　Column　無形資産に係る議論の現状　205

第7章 事前確認制度の活用

第1節 事前確認制度のポイント　209

①　事前確認制度の概要　210
②　事前確認の効果　211
③　申出に必要な資料　212
④　ロールバック　213
⑤　事前確認申出の要否判断　214
⑥　ユニAPAとバイAPAの比較　215
⑦　事前確認の流れ（申出から確認通知受領まで）　216
　　（1）　事前相談と申出　216
　　（2）　事前確認審査　219
　　（3）　相互協議　221
　　（4）　申出書の修正及び確認通知受領　223
⑧　確認通知後の対応（価格の調整）　223

第2節 年次報告書　226

①　年次報告書の提出　226

2 年次報告書の審査　227
Column 移転価格事務運営要領の改正　231

[凡　例]
　租税特別措置法施行規則　　　措置法規則
　租税特別措置法関係通達　　　措置法通達

[文献略記]
　訟務月報　　　　訟月
　ジュリスト　　　ジュリ

＊本書の内容は平成30年3月1日現在の法令等によっています。

第1章

移転価格ローカルファイル（LF）とは何か

第1節 ローカルファイル(LF)の目的及び作成義務

1 ローカルファイルの目的

　ローカルファイル（Local File、以下、「LF」）は、国外関連取引（内国法人と国外関連者間の取引）の対価が独立企業間価格（Arm's Lengh Price、以下、「ALP」）である旨の立証を目的とする文書です。すなわち、LFは問題の国外関連取引がALPをもって営まれており、国外関連者への所得の移転が無いことを立証するものです。

　LFは、種々の移転価格文書の中でもその核心たる文書です。すなわち、移転価格文書には、LFと同じく、法令上直前事業年度の連結総収入金額が1,000億円以上の多国籍企業グループの最終親会社等である日本企業において作成が義務付けられた事業概況報告事項（マスターファイル：Master File）と国別報告事項（Country-by-Country Report：以下、「CbCレポート」）の他、移転価格ポリシー（企業がグループ全体に適用する国外関連取引の対価設定方針）が存在するところ、これらの文書は、いずれも国外関連者への所得の移転が存在しないことを究極の作成目的とするものです。そしてLFは、個別の国外関連取引について、当該取引の対価がALPであることを立証することを目的とするものであり、一連の移転価格文書の最終目的たる文書であるといえます。

2 ローカルファイルの作成義務

　同時文書化の対象となるLFの作成義務は、国外関連取引のうち、前事

業年度における一の国外関連者との取引高が50億円以上（無形資産取引については3億円以上）であるものについて生じます。

しかし、上記同時文書化の対象外であることは、必ずしも課税庁が当該国外関連取引を課税処分の対象外とすることを意味しません。実際、無形資産取引については、対価が3億円未満であっても相当の課税上のインパクトが生じ得ます。

すなわち、内国法人から国外関連者に対する技術・ノウハウの使用許諾（ライセンス）取引を例に取ると、各当事者が当該取引を認識せず、特段の対価のやり取りが無かったという事態が生じ得ます（無形資産取引の認識の問題について、以下第2章第2節1を参照）。

そして当該取引の原価（内国法人の費用）は、対応する研究開発費との紐付けが困難である場合、国外関連者に対する技術指導に必要な技術人員の派遣費用（人件費及び交通費等）程度という事態が生じ得るところであり、この場合、内国法人は、得るべき対価（ロイヤリティ）の大半を所得として認識すべきことになります。

3　ローカルファイルの作成の意義

上述のとおり、LFは国外関連取引の対価がALPであることを立証する趣旨の文書であり、（当然ながら）国外関連取引の現状を記述したのでは足りません。

すなわち、仮に以下、本書において詳述する移転価格分析を経て、現行の国外関連取引の対価がALPと相違することが判明したならば、対価その他取引条件等を見直すことが必要となります。つまり、是正策として、国外関連取引の対価をALPに改めるか、取引形態または条件を見直すことで、各当事者の機能リスクを見直す対応が考えられます。

先の改正法（平成28年度税制改正）は、内国法人が文書化の過程で適宜、

上述の見直しを行い、もって国外関連取引がALPをもって行われるよう期待するものであり、文書化の能動的な側面を意識すべきです。

第2節 ローカルファイルと他の移転価格文書との関係

　平成28年度税制改正により導入された同時文書化制度の対象たる移転価格文書には、LFの他、マスターファイル（Master File：事業概況報告事項。以下「MF」）とCbCレポート（国別報告書）が存在します。

1　マスターファイル（MF）

(1)　記載事項

　MFは、大別して、①事業概況、②機能・リスク、③無形資産、グループ内金融及び関連取引の対価の設定方法、ならびに④ユニAPA（国外関連者の居住国での事前確認：事前確認制度（Advance Pricing Agreement 以下、「APA」））の状況につき言及するものです。

　上記各項目は、課税庁が、提出会社及びその企業グループの事業概況を把握すると共に、移転価格分析上、企業グループの各構成会社に帰属すべき所得の大まかな傾向を認識する上で有用な情報です。

　またグループ内金融に関する情報は、移転価格分析に供される他、多国籍企業が行うDebt Pushdown（子会社より親会社への利息の支払いをもって当該子会社の所得を減少させる、タックスプランニングの一手法）の状況を把握する上で有用な情報です。

　また上記④は、ユニAPAで認められたALP算定方法を取りまとめたものです。

　MFは、その名（事業概況報告書）のとおり、課税庁に対し提出企業に係る企業グループの概況を報告する文書であり、個別の国外関連取引に係

る移転価格分析は、LFに委ねられています。

(2) 提出義務

MFの提出義務が課せられる「特定多国籍企業グループ」は、①構成会社等の居住地国が2以上あり（または国外に恒久的施設が存在し、同施設に帰属すべき課税所得があるもの）、かつ②直前の会計年度における総収入金額が1,000億円以上の企業グループです。

上述の提出義務の定めにより、国外関連取引の規模、または、総売上に占める国外売上比率が低い企業グループであるにも関わらず、MF（及びCbCレポート）の提出義務が課される事態が生じます。すなわち、企業グループの連結売上高が1,000億円以上であると共に、国外関連者が1社以上存在すれば、国外関連取引の多寡に関わらず、MFの提出義務が課せられることになります。

なお、逆にMFの提出義務が無い企業（すなわち、連結売上高が1,000億円未満の企業グループ）であっても、国外関連取引の規模が大きければ（一の国外関連者との前年度取引高が50億円以上、無形資産取引については3億円以上）、LFの作成義務が生ずることとなります。

(3) 言　語

MFは、英語または日本語で提出するものとされています。英語での提出が許容されているのは、①提出企業が外国の課税庁宛にMFを流用して提出する事態、または、②提出企業の親会社等が外国の課税庁に提出したMFを流用する事態を想定したものと思われます。なお、英語のLFについては、課税庁の指示に応じて和訳を提出する必要があります。

2 CbCレポート

(1) 記載内容

CbCレポートは、提出企業を構成する多国籍企業グループ各社が事業

を営む国または地域毎の定量的情報（以下に掲げる各項）その他を記載したものです。
　① 売上高及び利益額
　② 納付税額及び発生税額
　③ 資本金の額または出資の額、及び利益剰余金の額
　④ 従業員数及び有形資産の額（現金及び現金同等物を除く）
　⑤ 構成会社の名称、本店所在国、及び主たる事業の内容

CbCレポートは、課税庁が、MFと併せて国外関連取引による所得移転の蓋然性を評価し、移転価格調査の調査対象を選定する上で有用な情報です。

すなわち、CbCレポートの記載情報は、国外関連者または国外関連取引毎に切り分けられたものではなく、これ自体をもって特定の国外関連取引に係るALPを算定し得ません。

しかし、国外関連者の売上高または利益額の情報（上記①）及び、内国法人及び国外関連者の機能リスクを基礎付ける定量的情報（上記③④）を併せて評価し、またMFの記載情報を参照することで、内国法人及び国外関連者の機能リスクと合致しない利益の偏り（すなわち、国外関連者が単純な機能リスクを有するにも関わらず、高い利益を挙げていること）を認識し、もって移転価格調査の端緒とすることが考えられます。

なお、移転価格事務運営指針2-1では、課税庁は、CbCレポート記載の情報のみをもって、移転価格課税をなし得ないものとされています。

(2) 提出義務

CbCレポートの提出義務の要件は、MFと同様です。

(3) 言語

CbCレポートは、英語で作成すべきものとされています。これは、同書が国外の課税庁との情報交換を予定することによるものです。

(4) 情報交換

上述のとおり、CbC レポートは、国外の課税庁との情報交換の対象とされている一方、MF 及び LF は、情報交換の対象ではありません。なお、CbC レポート記載の情報に係る移転価格課税上の制約は、**(1)** で述べたとおりです。

3 ローカルファイル(LF)

(1) 記載内容

LF は、作成義務の対象たる国外関連取引（以下 **(2)** 参照）に係る ALP の算定に必要な情報を記載したものです。

この点、MF は、事業概況、特定多国籍企業グループを構成する会社間の機能リスク、研究開発及び無形資産取引、及びグループ内金融に言及するものであり、当該情報は、当該企業グループに係る移転価格分析上特に有用なものです。

その一方で MF の情報は「概況」であり、個々の国外関連取引に係る ALP の算定上、十分なものではありません。また MF の記載情報は定性的なものが中心であり、定量的な情報は CbC レポートに譲ることになります。

また、CbC レポートは、移転価格分析に必要な定量的情報を含む一方で、個々の国外関連者または国外関連取引に係る定量的情報を記述するものではありません。このため CbC レポート中の情報をもって、特定の国外関連取引の ALP を算定することは、原則としてできず、同情報は、まず所得移転の蓋然性の有無の評価に供すべきものといえます。

(2) 提出義務

内国法人と一の国外関連者との前年度取引高が 50 億円以上（無形資産取引[1]は 3 億円以上）である場合、当該内国法人は LF の作成・提出義務を

負います。

　ただし、内国法人は、毎年度、LFの作成（及び改訂）義務を負う一方で、例年課税庁への提出義務を負うものではなく、税務調査の際に課税庁の指示に従いLFを提出すれば足ります。

　内国法人がLFの提出義務を怠った場合、課税庁は、当該法人に対し推定課税をなし得ます。前記懈怠は、課税庁の提出指示後45日の経過をもって成立します。

> [1] 特許権、実用新案権などの無形固定資産その他無形資産の譲渡または貸付け等を意味します。

(3) 言　語

　LFの使用言語について、指定はありません。ただ日本語以外を用いて作成されたLFについては、課税庁の指示に応じて和訳を提出する必要があります。

　以下の**図表1**は、上述の法定の移転価格文書（MF、CbCレポート、LF）を比較したものです。

図表1　法定の移転価格文書の比較

	マスターファイル	CbCレポート	ローカルファイル
提出要件	前事業年度の連結売上高が1,000億円以上の多国籍企業グループ（「特定多国籍企業グループ」）	同左	一の国外関連者との前年度取引高が50億円以上（無形資産取引は3億円以上）
記載事項	特定多国籍企業グループに関する以下各項の情報 ① 企業グループ構成 ② 事業概況（売上、収入その他の収益の重要な源泉、主要商品または役務（総売上の5％超を占める商品または	特定多国籍企業グループが事業を営む国または地域毎の定量的情報 ① 売上高及び利益額 ② 納付税額、発生税額 ③ 資本金の額または出資の額、利益剰余金の額 ④ 従業員数、有形資産の額（現金及び現金同	① 国外関連取引に係る独立企業間価格（ALP）の算定に必要な情報 ② 国外関連取引に係る資産の明細及び役務の内容 ③ 内国法人及び国外関連者の機能及びリスク、

	役務を含む)に係るサプライ・チェーン及び市場の概要、組織再編、連結財務諸表) ③ 企業グループを構成する会社(「構成会社」)間の役務提供 ④ 構成会社の機能・リスク ⑤ 無形資産の研究開発、所有及び使用に関する戦略、ならびに研究開発の主要施設または研究開発を管理する場所の所在地 ⑥ 研究開発に関する費用負担、役務提供、使用許諾の状況、その他重要な取決めの一覧 ⑦ 構成会社間の研究開発及び無形資産取引の対価の設定方針 ⑧ 構成会社間の重要な無形資産の移転に係る取引の内容 ⑨ 構成会社の資金調達方法、中心的な金融機能を果たす構成会社 ⑩ 構成会社間の資金貸借に係る対価の設定方針 ⑪ 構成会社間の取引対価または利益分配に係る事前確認の概要	等物を除く) ⑤ 構成会社の名称、本店所在国、及び主たる事業の内容	事業再編の内容 ④ 国外関連取引に使用されている無形資産 ⑤ 国外関連取引に係る契約条件 ⑥ 国外関連取引の対価、その設定方法及び交渉の内容、事前確認の内容 ⑦ 国外関連取引に係る損益及びその計算過程 ⑧ 市場分析 ⑨ 国外関連者の事業内容、事業方針及び組織系統 ⑩ 国外関連取引と密接に関連する他の取引の有無及び内容 ⑪ ALPの算定方法の選定、及び選定に係る重要な前提条件 ⑫ 比較対象取引の選定に係る事項及び当該取引の明細 ⑬ 利益分割法を用いた場合における内国法人及び国外関連者に帰属すべき各利益の算定 ⑭ 複数の国外関連取引を一の取引としてALPを算定する場合、その理由及び各取引の内容 ⑮ 差異調整の理由及びその方法
言語	日本語または英語	英語	指定なし
情報交換	なし	あり	なし
提出義務	各会計年度の提出義務あり	同左	各会計年度の提出義務は存在しない。税務調査時に提出義務あり

4　その他の移転価格文書

上述した法定の移転価格文書の他、以下の移転価格文書が存在します。

(1)　国外のマスターファイル及びローカルファイル

国外関連者の所在国の税務法規に基づき作成・提出が義務付けられている、わが国の MF または LF に相当する移転価格文書（以下「国外 MF」、「国外 LF」）です。

わが国の法令上 MF の提出義務を負わない場合でも、国外関連者の所在国の法令に基づき、当該国の課税庁に国外 MF を提出すべき場合があります。すなわち、新興国を中心にわが国よりも低い閾値（いきち）を定めて国外 MF の提出義務を課す例が多く見られます。

国外 LF についても、国外 MF について述べたのと同様の関係があり、新興国においては特に低い閾値が設定されています。その結果、対新興国についてはわが国の企業が関わる相当割合の国外関連取引につき、国外 LF の提出義務が課されています。LF と国外 LF との整合性の問題は、以下 5 (2) で述べます。

(2)　移転価格ポリシー

「移転価格ポリシー」とは、多国籍企業グループ内で実行される諸々の国外関連取引につき適用がある統一的な対価設定方針を指すものと一般に用いられています。

この点、MF では、研究開発に関する取引、無形資産取引、及びグループ内金融に係る対価設定方針を記載すべきものとされており、MF には移転価格ポリシーの一部が含まれます。

5　ローカルファイルの作成における他の移転価格文書との関係

(1)　マスターファイル（MF）及びCbCレポート

　MF及びCbCレポートは、LFと共に移転価格文書を構成するものであり、LFは、これらの文書と整合すべきものです。したがって、LFの作成に当たっては、MF及びCbCレポートとの整合性に留意すべきことになります。

　MFの記載事項はLFの内容の前提となること、また、各LFの整合性を確保する見地より、MFの提出義務の如何に関わらず、LFの作成に当たりMFを作成することは有用です。また上述のとおりMFの提出義務が無い場合にも、国外MFの提出義務を負う事態が存します。

　上述のMFとLFの密接な関係に鑑みて、本書では**第5章**にMF書式を掲載しました。

(2)　国外ローカルファイル

　上述のとおり、LFが、MF及びCbCレポートと整合的であることを要する一方で、国外LFとの関係でも同様にいえるかが問題となります。すなわち、4(1)で述べたとおり、内国法人がLFの作成を検討した時点で既に国外LFが存在する例が少なからず存在することから、国外LFと整合するLFを作成すべきかが問題となります。

①　前提事実の一致

　まずALP算定の前提たる事実（機能リスク）は、客観的な状況であるから、LFと国外LFのこの点に関する記述は一致するはずです。

②　移転価格ルールの相違

　その一方で各国の移転価格ルールは、必ずしも一致しておらず、特にわが国その他OECD移転価格ガイドライン（以下、「OECDガイドライン」）に準拠したルールと、新興国が採用するルールとの間には乖離が存しま

す。前提となる移転価格ルールが相違するならば、LFと国外LFの内容は必然的に相違することになります。

③ 移転価格が「歪んでいる」場合

上記に加えて、国外関連取引の対価設定が「歪んでいる」と見得る場合、すなわち、国外関連者が機能リスクとの見合いよりも多額の利益を得ており、対価設定が「歪んでいる」と見得る場合は、国外関連者の所在国での移転価格課税のリスクは低いので、国外LFの内容は簡素なもので足りることになります。

その一方でLFは、わが国の課税庁の課税リスクが見込まれる以上、国外関連取引の対価がALPであることを立証すべく、特段の労力を投じてLFを作成すべきことになります。その結果、LFの質及び量は、国外LFと相違することとなります。

所得移転の蓋然性について

　移転価格税制を考える場合、まずは所得移転の蓋然性が認められる取引内容であるのか否かを大きく見極めることが最初の入り口として重要なポイントです。

　すなわち、所得移転の蓋然性が認められない場合には、例えば課税当局としては自国課税ベースの確保が達成されているのであるから、現状の所得配分に敢えて問題提起する必要は無いと判断します。そうであれば納税者である多国籍グループ法人においても、国外関連取引に関する移転価格上のリスクは小さくなりますので、その取引に対するリスク対応ぶりには自ずと差異があるのが合理的だと判断できるからです。

　ここでいう「所得移転の蓋然性」という観点は、移転価格税制を考える上で重要な概念です。すなわち「所得移転の蓋然性」とは、多角的な観点から検討を加えてみて、所得配分状況に不合理性が認められるか、それぞれの取引当事者のパフォーマンスに応じた、機能とリスクに応じた所得配分状況となっているか、そういった観点から大きく判断してみるというものです。

　切出し損益を算出して国外関連取引当事者それぞれに帰属する利益（所得）の配分バランスはどうか、一方の国外関連取引当事者の機能・リスクから、大きく判断される同業他社の平均的な利益水準と比較して大きすぎる（小さすぎる）という偏りはないか、ビジネス全体としてみて利益の源泉はどういった要素であると見るのか、その帰属はどの国外関連取引当事者であるべきか、などなどです。

　どれか一つの手法で検討するのではなく、複数の手法、考え方、分析を加える観点をできるだけ多く設けて、その中で<u>多角的な検討を行う必要があります</u>。

　多角的な検討を行う中では、結論としての所得移転額規模などは必ずしも一致するわけではありません。しかしながら、いくつかの切り口から検討してみてもなお、所得が移転している、利益配分のバランスが不自然である、そういう状況であれば、具体的に国外移転所得を算出するべく「独立企業間価格」の検討を考える必要性が高まるということになります。

そういった検討段階を経ずにいきなり独立企業間価格の算定を始めてしまうのは、木を見て森を見ずの例えを引くまでもなく、誤った方向に向かう危険性があろうかと思います。

　また独立企業間価格算定は極めて精緻な作業を伴うものですが、「所得移転の蓋然性判断」にあっては、大きく所得配分状況などを見極める観点なので、それほどの精緻な情報と作業を駆使するまでもなく行える判定です。

　ローカルファイル作成に際しては、「所得移転の蓋然性」を見極めた上で、費用対効果を念頭に入れた方向性の判断も重要であると考えます。

第 2 章

ローカルファイルを作成する

第1節　ローカルファイルの作成要領

1　作成上の参考資料

　LFの作成上の参考資料として、国税庁が発表した2つの資料が存在します。その一つは、平成28年6月に発表された「独立企業間価格を算定するために必要と認められる書類（ローカルファイル）作成に当たっての例示集」（以下、「例示集」）であり、LFの実例が挙げられています。

　また、平成29年6月に国税庁より発表された「移転価格ガイドブック」（以下、「庁ガイドブック」）は、三部構成になっており、このうち「Ⅱ　移転価格税制の適用におけるポイント」では、LFの作成上問題となる各論点について実務上のやり取り（内国法人と課税庁とのやり取り）に沿った解説がなされています。さらに、「Ⅲ　同時文書化対応ガイド」ではLFのサンプルが2例収録されています。

　上記各資料は、国税庁のウェブサイト（https://www.nta.go.jp/kohyo/press/press/2016/kakaku_guide/pdf/）より入手可能であり、LF作成上の第一の資料となるものです。

2　相談窓口の利用

　直近の動きとして、各国税局は、平成29年7月より、同時文書化対象取引に係る納税法人向け相談窓口を設置しました。これに加えて、各国税局の担当者が納税法人を訪問して、移転価格文書化制度に関する指導、助言等を実施する方針です（庁ガイドブック「Ⅰ　移転価格に関する国税庁の

取組方針」15頁以下参照)。

　これらの動きは、移転価格文書の同時文書化制度が機能するよう、課税庁が積極的な役割を果たすべく取った一連の施策です。裏を返すと、これらの動きは、移転価格税制の執行が容易でなく、また、事前確認制度の申請が増加しており、その処理に相当の時間を要する等の弊害が生じていることを受けたものであるとも解されます。

　企業は、従前、ほとんどの場合、移転価格文書作成のため専門家（コンサルタント）に委嘱する方法しか無かったところ、窓口への相談という新たな選択肢を得たことになります。課税庁の施策は、同時文書化の実施に当たり関係当事者（企業、課税庁、及びコンサルタント）の役割分担を見直す契機と成り得ます。

③ 作成上の緩急の付け方

　LFの作成義務の対象たる複数の国外関連取引について、作成上の優先順位または労力の濃淡を設定するに当たっては、①取引高（利益額）の多寡、②重要な無形資産の有無、及び③国外関連者の所在国が目安になります。

　①は当然として（取引高または利益額が多額である国外関連取引には、高額の課税処分の潜在的リスクがあります）、②については、内国法人及び国外関連者の双方に重要な無形資産が存在する場合、ALPの算定が複雑化する問題が存在します。また、③について、中国等一部の国家では、わが国の移転価格ルールが準拠するOECDガイドラインと異なる基準により移転価格課税を行っていることから、現地のルールを知る専門家との連携が必要になります。

　なお、例示集では、あくまでも例示集の内容は一般的な例であり、実際に必要とされるLFの内容は、「取引の内容、規模、重要性等」により異なる旨が述べられています。

第2節　取引の認識及び単位

1　取引の認識

　LFの作成対象たる国外関連取引をすべて把握しているか、具体的には、認識していない無形資産取引（端的には、国外関連者に対する無形資産の使用許諾取引等）が存在しないかという問題があります。

　移転価格分析における無形資産は、内国法人または国外関連者が国外関連取引より得る利益の源泉を広く包含する概念であり、知的財産権（特許、商標、ノウハウ等）の他、ブランド（必ずしも商標に包摂されない）流通・販売網、販売方法その他が含まれます。

　このような広範な無形資産は、当然に認識できるものではありませんから、そもそもどのようにして無形資産取引を認識するかが問題となり得ます。技術、ノウハウ等のライセンス取引を念頭に置くと、国外関連者の機能及び使用する技術・ノウハウに着目して、①国外関連者が内国法人の技術等を実施していないか、また、②内国法人が技術者等の人員を国外関連者に派遣して技術指導を行っていないか、あるいは、③国内で国外関連者の人員向けに技術研修を行っていないか等を検討することになります。

　この点に関し、例示集3頁では、国外関連者が工場を建設する際に、業務に精通した内国法人の社員を派遣して業務を支援する場合に、ノウハウの提供等の無形資産の使用許諾取引が存在し得る旨が述べられています。

2 取引単位について

　移転価格税制適用における分析では、独立企業間価格の算定は原則として個別の取引毎に行うことが原則ですが、一定の場合にはグルーピングした取引やセグメントを取引単位とすることができるとされています。

　取引単位を設定できるポイントとしては、グルーピングに適した取引実態があるのか、国外関連者である取引当事者同士での切出し損益がどの程度の精度で算定可能であるのか、比較対象取引データ内容が適切であるか、などの要因が関係してきますが、最も重要なポイントはグルーピングに適した取引実態があるのかという点であろうと考えられます。

　この点は、例えば比較対象取引として公開情報によるデータを利用する場合、どうしても会社単位のデータとなる場合が多く、個別の取引単位でのデータを利用する可能性は低くなります。そういった場合に、比較対象取引データが会社単位であることに引きずられると、取引単位の範囲が際限なく広がってしまい、わが国では採用されていない利益比準法(Comparable Profit Method：CPM）を採用したのと同じことになってしまいます。

　取引実態を考慮するに当たっては、複数の国外関連取引が、①顧客に対する同一の商品または役務の提供に向けられたものか、または②同一のソリューション（個々の商品または役務に着目せず、顧客の個別具体的な問題を解決するため、複合的な商品または役務を提供すること）提供に向けられたものか考慮することが有用です。

　上記観点より、以下で挙げる【ケース1】は、上記②の例であり、また【ケース2】は、上記①及び②の例であると分類可能です。

(1) 複数品目を一体的に取り扱うケース

　OECDガイドラインにおいてもポートフォリオ・アプローチとして紹介されています。

例えば一定の商品を低い利益で供給する際に、利益の高い別の製品あるいは関連するサービスの需要が創出されることにより、全体として高い利益となるケースが想定されています。同ガイドラインにおいてはコーヒーマシンと詰替え用パック、プリンタとカートリッジなどという装置と消耗品の例が挙げられていますが、他の具体例としては特定の電子部品を供給する際に、利益のほとんど出ない型式部品と高利益の得られる型式部品とを一体として提供する実例があり、それは供給先に対する「品揃え」の有効性を確保する中での販売戦略に沿ったものであり経済合理性があると説明されていました。

(2) 物品取引と役務提供取引などを一体として取り扱うケース

医家向け医薬品の導入取引において、原薬の棚卸取引とロイヤリティ取引とが別々に契約されているが、取引実態としてこれらを一つの取引単位として評価検討することは、移転価格実務関係者のみならずともよく知られているケースの一つです。

また、特殊な機械装置の販売取引などにあっては、当初の据付作業のみならずその後の定期的なメンテナンス役務取引とも一体で収益性を勘案したビジネスモデルも存在しており、時間的広がりの中での検討と分析を必要とするケースも想定されます。

他方、個別的に契約されている取引を包括的に評価するための「取引単位」を考える必要性がある一方で、一つのパッケージとして契約されている取引について、むしろその内容を個別に分解して、それぞれの取引毎に「取引単位」として分析・検討する必要性が認められる場合もあると考えられ、OECDガイドラインにも記述されています。いずれにしても、取引の実態、経済合理性を含めた取引の本質を理解した上で「取引単位」を判断していくことは、移転価格を検討する上で非常に重要であると考えられます。

参考：OECD 移転価格ガイドライン仮訳（2010年版 国税庁）

（https://www.nta.go.jp/sonota/kokusai/oecd/tp/pdf/33.pdf）

第3章　比較可能性分析
A.　比較可能性分析の実施
A.3　関連者間取引の検討と検証対象当事者の選択
A.3.1　納税者の個別取引と包括取引の評価

3.9　理想としては、独立企業間の条件の最も正確な近似値を得るためには、取引毎に独立企業原則を適用すべきである。しかしながら、個々の取引が密接に結びついている又は継続しているため、個別には適正に評価することができない場合がしばしばある。そのような例としては、1. 商品又は役務の長期的な提供契約、2. 無形資産の使用に関する権利、及び 3. 密接に関連した一連の製品（例えば、製品ライン）で、製品毎又は取引毎に価格を設定することが現実的ではないものが含まれるかもしれない。別の例としては、関連製造業者に対する、製造ノウハウの使用許諾と不可欠な部品の供給があり、このような場合には、個々に独立企業の条件を評価するよりも、2つをまとめて評価する方がより合理的かもしれない。このような取引については、最も適当な独立企業原則に基づく1つ又は複数の方法を用いて、まとめて評価を行うべきである。更に別の例として、別の関連者を経由する取引があり、個々の取引を個別に検討するよりも、取引の全体を検討する方がより適切であるかもしれない。

3.10　納税者の取引が包括的に扱われることがある他の例として、ポートフォリオアプローチに関係するものがある。ポートフォリオアプローチとは、納税者が、必ずしもポートフォリオのうちの単一の製品によってではなく、ポートフォリオを通じて適切な収益を稼得する目的で、取引を束にするという事業戦略である。例えば、ある製品が納税者によって低い利益又は損失となるように販売されうるが、その理由が、同じ納税者の別の製品や関連するサービスについて、需要が創出され、販売がなされて高い利益となるからということがある（例えば、コーヒーマシンと詰め替え用コーヒーパック、プ

リンタとカートリッジなどといった、装置と専用の消耗品)。同様のアプローチは、様々な業種にみられる。ポートフォリオアプローチは、比較可能性分析において、比較対象の信頼性を調べる際に考慮すべき事業戦略の一例である。事業戦略についてはパラグラフ 1.59 ～ 1.63 を参照されたい。しかしながら、パラグラフ 1.70 ～ 1.72 で議論されるように、このような考慮は、全体的な損失の継続や、長期に渡る業績不振を説明するものではない。更に、ポートフォリオアプローチが許容されるためには、その対象が合理的でなければならず、様々な取引が様々な経済的論理を有し、区分されるべきである場合に、移転価格算定方法を納税者の全社ベースで適用するために、このようなアプローチが用いられてはならない。パラグラフ 2.78 ～ 2.79 を参照されたい。最後に、上述のコメントについては、多国籍企業グループ内の事業体が、当該多国籍企業グループの他の事業体に便益を与えるため、独立企業の場合よりも下回る収益を得ることを許容しているものと読み違えてはならない。特に、パラグラフ 1.71 を参照されたい。

3.11　関連者間で個別に契約されている取引について、その条件が独立企業間のものであるかを判断するため、包括的に評価する必要があるかもしれない一方で、関連者間で 1 つのパッケージとして契約されている取引について、個別に評価する必要があるかもしれない。多国籍企業は、特許、ノウハウ及び商標の使用許諾、技術サービス及び管理サービスの提供、並びに生産設備のリースのように、数多くの便益について、単一の取引としてパッケージ化し、1 つの価格を設定することがある。この類の取極は、しばしば、パッケージ取引といわれる。しかしながら、商品に設定された価格が付随的サービスを含んでいる場合はあるかもしれないものの、このような総合的なパッケージ取引に商品販売が含まれる可能性は低いであろう。場合によっては、パッケージを 1 つの全体として評価することが不可能であり、パッケージの要素を分解しなければならないこともある。とはいえ、そのような場合、税務当局は、個々の要素についてそれぞれ移転価格を決定した後、パッケージ全体の移転価格が総体として独立企業間のものであるかを検討すべきである。

3.12　非関連者間取引においてでさえ、パッケージ取引は、国内法や租税条

約に基づく税務上の取扱いに従った要素について、一体化することがある。例えば、使用料の支払いは源泉徴収されるかもしれないが、リース料の支払いはネットで所得課税されるかもしれない。そのような状況において、依然としてパッケージベースで移転価格を決定することが適切であるかもしれず、その後、税務当局は、その他の税務上の理由から、パッケージの要素に価格を配分することが必要か否かを決定することができる。その決定に当たり、税務当局は、独立企業間の類似の取引を分析するのと同一の仕方で、関連者間のパッケージ取引を調査すべきである。納税者は、パッケージ取引が適切な移転価格の算定を反映していることを示すことができるように準備しておくべきである。

(本翻訳は参考のための仮訳であって、正確には原文を参照されたい。)

第3節　機能リスク分析

1　機能リスク分析の目的

　機能リスク分析は、国外関連取引に係る利益（特に超過利益）の源泉、及び当該利益の獲得に寄与した当事者（内国法人及び国外関連者）を明らかにするものです。

　機能リスク分析は、移転価格分析の核心です。すなわち、機能リスク分析により、各当事者（内国法人及び国外関連者）の利益への寄与が判明し、その結果、国外関連取引に係る利益を各当事者のいずれに帰属させるべきか、その基本方針が定まることになります。

　また、後述のようにALPの算定手法は、機能リスク分析の結果に基づき定まる関係にあるため、機能リスク分析に誤りがあれば、その後の分析も誤りとなる可能性が高くなります。

2　機能等の意義

　上述の各用語の意義等は以下のとおりです。

① **超過利益**

　「超過利益」とは、当該事業を営むことで一般に競合者が得るであろう利益を上回る利益を意味します。移転価格課税が問題となる事案の多くは、国外関連取引に関し超過利益が生じており、超過利益の帰属如何という形で問題提起がなされます。

　超過利益の源泉の認定に係るメルクマールとして、①機能の独自性（ユ

ニークであること）と、②当該機能によって顧客を得る蓋然性の高さが存在します。すなわち、競争理論上、内国法人または国外関連者が、競合者と同様の機能を有するに過ぎないならば、競合者が一般に得るであろう利益水準を超える利益は得られず、機能が独自性を有することで初めて超過利益の獲得が可能になると考えられます。

② 機能

「機能」とは、商品・役務を生み出し、また付加価値を与える一連の企業活動を意味し、典型的には、研究開発、製造、販売等の企業活動が挙げられます。

③ リスク

一方、「リスク」とは投下資本の回収を困難とし、また新たな費用支出を帰結する一連の要因を意味します。この点、庁ガイドブック42頁では、以下のとおりリスクを列挙しています。

> 「『リスク』とは、マーケットリスク（経済事情の変化など）、資産、工場及び設備への投資や使用に伴う損失のリスク、研究開発への投資のリスク、為替相場や金利の変動などに起因する金融上のリスク及び信用リスクなどをいいます。」

リスクは、機能と比較して認識しにくい特質を有します。これは、日々の企業活動でリスクが抽象的なものとして存在するに過ぎず、リスクが顕在化して初めて具体的に認識し得る関係にあるからです。

リスクの負担者の認定にも問題が存在します。例えば、各当事者のいずれが為替リスクを負担するか予め明らかになっていない事態があり得ます（契約書で為替変動の際は、当事者間で対応を協議する旨の契約条項があるに留まる場合も同様です）。かかる事態に備えるべく国外関連取引に係る契約書を整備することが考えられます。

3 機能リスクの認定

　上述のように、機能リスク分析の目的は、国外関連取引に係る利益の源泉を見出すことにあるため、単に各当事者（内国法人及び国外関連者）の振る舞いを観察するのでは足りず、市場全体の分析が必要です。

　すなわち市場の各当事者、具体的には①政府（法規制、許認可）、②競合者、及び③顧客（最終顧客及び中間業者）の振る舞いと相互作用に即して、利益の源泉を認定する必要があります。

　このプロセスが純粋な経済分析であることは、他の税法上の諸分野と比較した移転価格分析の特質です。すなわち、国外関連取引に係る利益の源泉を把握することは、多分に経済的評価を伴うものです。

　上記に加えて、移転価格分析が複数の事業年度の経過を通じて行われることに注意を要します。すなわち、事業活動は、環境の変化による需給の変動がある中で行われ、また、国外関連者の活動は、新市場（現地市場）への浸透を目的として行われるものです。

　そうすると、仮に一の時点における各当事者の機能リスクと利益分配の状況（ALP）が整合していない場合であっても、複数の事業年度を通して見れば整合していると評価し得る可能性があります。なお、課税庁の移転価格調査は、通例6事業年度における国外関連取引の対価の適正性を検証するものです。

　機能リスク分析は、①当該事業の収益を生み出す無形資産、及び②当該無形資産に係る内国法人及び国外関連者の寄与の有無及び程度の認定の問題と言い換えることが可能です。かかる視点より機能リスク分析を論じたものとして、**第6章**以下「重要な無形資産の認定」[2]を参照下さい。

>　　[2]　この記述は税務研究会「月刊国際税務」2014年4月号掲載の著者（大沢）の記事を転載（一部加筆）したものです。

4　機能リスクの立証

①　関連資料の総合評価を要すること

　機能リスクの認定は、各種関連資料を総合評価することにより行われます。すなわち、機能リスクの認定は、内国法人、国外関連者、及び市場の各当事者の相互作用を観察する必要があり、特定の資料をもってかかる観察を網羅することは困難です。また、経済的評価は、観察主体により様々な評価があり得ます。すなわち、競争の状況（≒利益の源泉）に係る内国法人の評価と競合者の評価は、異なり得るものです。

　この点、庁ガイドブック42頁では、機能リスクの認定上参照すべき資料として、以下を例示しています。

　「部署別の組織図、研究開発の年間計画や経営会議資料、研究開発費や広告宣伝費の明細など」

　すなわち、事業計画や方針決定に係る資料では、市場環境の観察を含め当該時点での経済分析がなされ、これに基づき企業は対処方針を決定します。かかる資料とその他の定量的な資料（組織図、費用明細）が整合しているならば、課税庁は、これらの資料に一定の信を置き、機能リスクを認定する趣旨であると解されます。

②　意思決定主体の立証資料

　また機能リスクの立証に当たっては、意思決定に係る資料の整備に留意すべきです。すなわち、特に研究開発やマーケティングについては、内国法人と国外関連者の双方が意思決定に関与することが考えられ、いずれの当事者が具体的方針を決定しているか、外部者（課税庁）からは不分明となり得ます。

　この点、上記のとおり、庁ガイドブックでは意思決定に係る例として経営会議資料を挙げています。経営方針の意思決定に係る資料としては取締

役会議事録等の資料も存在するところ、経営会議資料を挙げているのは、実質的な意思決定の主体を認定する上で同資料が有用との理解が背景にあるものと解されます。

5 認定の更新

企業活動は、環境の変化その他経年による変更を伴うものですから、機能リスク分析も都度更新を要するものです。経年により、内国法人または国外関連者の超過利益への寄与の有無及び程度が変化し、その結果、ALPも変更を要することになります。

国外関連者の機能リスクの見直し要因として、以下各項が存在します。

① **研究開発機能の獲得**

国外関連者のローカライズ（localize）に向けた活動を通じて、無形資産が形成される可能性があります。すなわち、国外関連者が当該市場に即した独自仕様の製品を開発する過程で独自の無形資産が形成される場合があります。つまり、経年に伴い国外関連者の組織が拡大し、現地市場向けの研究開発機能を持つに至った場合、国外関連者が超過利益の獲得に貢献している蓋然性が高まることになります。

② **ビジネスの中心の移転**

以下**第3章第1節2**でも述べるとおり、国外関連者の所在国が世界における事業の中心地となり（例：電子製品の製造業における東アジア諸国）、そうした中で顧客に近い国外関連者の機能リスクの重要性がより高まり得る蓋然性が存在します。

なお、例示集28頁では、国外関連取引と比較対象取引における事業の状況が変わらない場合には、比較対象取引の選定を3年毎に見直すことを許容する旨の記述があります。これは、機能リスクの見直しを毎年行う一方で、機能リスクの状況に変更がなければ、比較対象取引（または比較対象企業）の選定を3年毎に行うことを許容するものです。

後知恵による課税禁止

　OECDガイドラインパラ2.128、3.74は、課税庁が、いわゆる後知恵をもって課税すべきでないとします。すなわち、課税庁は、当事者（内国法人及び国外関連者）が国外関連取引の対価設定時に予見できなかった事象をもって、課税の根拠とすべきでないとします。

　国外関連取引は、対価設定後でも再交渉が可能であること（例：完全子会社の場合）を考慮すると、そのような場合に後知恵云々は問題とならず、状況の変化に即して対価条件を変更すべきことになります。

　一方で、国外関連者に第三者たる少数株主が存在する場合（合弁会社の場合）、対価の再交渉は、当然には可能ではありません。そうすると対価設定の時点における合理的予測に基づき対価を設定したならば、事後に予想外の事態が生じても、当該事態をもって課税の根拠とはなし得ないこととなります。

　なお、OECDのBEPSプロジェクトの契機となった事象として、欧米の多国籍企業が、費用分担契約を用いて、研究開発の成果たる無形資産を軽課税国に移転させる行為が存在しました。各国の課税庁では、この事象を受けて、所得相応性基準に基づく精算（事後に無形資産より得られた所得に応じて無形資産の対価の再精算を行うもの）を義務付ける法制度を導入する動きが存在します。かかる動きは、後知恵による課税の禁止の原則を修正するものと評価可能です。

ALP算定方法の選定

ALP（Arm's Length Price：独立企業間価格）の算定に当たっては、法令上認められる複数の算定方法（以下、「算定方法」）のうちいずれかを選択することとなります。措置法通達66の4(2)−1は、前記選択に当たり以下の各項を勘案すべきものとします。

---

① 算定方法の長所及び短所
② 国外関連取引の内容及び当該国外関連取引の当事者の果たす機能等に対する算定方法の適合性
③ 算定方法を適用するために必要な情報の入手可能性
④ 国外関連取引と非関連者間取引との類似性の程度

第1節 算定手法の長所及び短所

算定手法は、その特性に応じて以下の3種類に分類可能です。
① 基本三法（CUP法（独立価格比準法（CUP法：Comparable Uncontrolled Price Method））、RP法（再販売価格基準法（RP法：Resale Price Method））、及びCP法（原価基準法（CP法：Cost Plus Method）））
② 取引単位営業利益法（TNMM（取引単位営業利益法：Transactional Net Margin Method））
③ 利益分割法（比較利益分割法、寄与度利益分割法、及び残余利益分割法）

1 基本三法

基本三法は、国外関連取引と同種または類似の棚卸資産または役務に係る非関連取引（比較対象取引）の価格を参照してALPを算定する手法です。

CUP法を用いた場合の比較対象取引は、国外関連取引と同種の棚卸資産または役務に関するものである必要があり、厳格な比較可能性が要求されます。これに対し、RP法及びCP法を用いた場合の比較対象取引は、国外関連取引と類似の棚卸資産または役務に関するもので足りるとされており、CUP法よりも比較可能性が緩和されています。すなわち、CUP法が、国外関連取引及び比較対象取引の価格そのものを比較するのに対し、RP法及びCP法では、国外関連取引及び比較対象取引の売上総利益を比較することから、CUP法ほどの厳格な比較可能性は要求されていません。

基本三法の長所及び短所は、以下のとおりです。

① 長所

1) ALPとの距離の近さ

　まず、基本三法の長所として、ALPとの距離の近さが挙げられます。すなわち、CUP法は、比較対象取引の対価（または調整後の対価）をもってALPとするものであり、比較可能性が認められる限り、CUP法を適用して得たALPが最も実態に近い対価であるといえます。

　上記の基本三法の長所は、算定方法の選定基準がいわゆるベストメソッドルールに変更された後も変わりません。移転価格事務運営要領4－2（以下、「事務運営要領」）では、適切な比較対象取引が見つかる限り、基本三法を適用すべきとします。

2) 国外関連者に重要な無形資産がある場合にも適用可能であること

　また、基本三法は、内国法人と国外関連者の双方が重要な無形資産の形成、維持、または発展に貢献している場合にも適用可能です。

　すなわち、実務上使用頻度が高い算定方法の一つであるTNMMは、内国法人及び国外関連者のうち機能リスクが単純な法人をもって検証法人とすべきとしており、国外関連者の機能リスクが単純である場合、当該法人を検証対象として適用すべきものとされています。逆にいえば、国外関連者の機能リスクが単純でなく、重要な無形資産の形成等に貢献していると見得る場合、国外関連者を検証法人としてTNMMを適用することはできません。

　上記は、OECDガイドライン上、重要な無形資産が独自性が強い（ユニークな）ものであり、独自性の強さゆえに第三者の無形資産と比較困難と解されていることの帰結です。

　その一方で、内国法人と第三者との間の取引を比較対象取引（いわゆる内部コンパラ）とする場合、当該取引において国外関連取引と同じ無形資産が用いられているならば、当該国外関連取引と第三者間取引は、なお比

較可能です。

② 短　所

　基本三法の短所は、個別の国外関連取引について、比較対象取引を見出し難い事態がしばしば生ずることにあります。

　すなわち、公開情報（上場企業の財務情報等）をもって比較対象取引を見出すことは、しばしば困難であり、基本三法を適用するには、いわゆる内部コンパラ（内国法人と非関連者間の取引であって、国外関連取引と比較可能性を有するもの）を見出す必要があるのが通例です。

　そうしたところ、例えば、内国法人が、国外展開の営業施策として一国一代理店制（一つの国または地域に一つの代理店のみ指名し、独占権を付与すること）を採用する場合、同一の国等における非関連者取引たる比較対象取引を得ることは困難となります。

　つまり、本来ALPに最も近いはずの基本三法の適用が容易でないことから、これを補足する他の算定方法（TNMM及び利益分割法）が発達してきた経緯が存在します。

2　TNMM

① 長　所

　TNMMは、公開情報、すなわち上場企業等の営業利益率を参照して、検証法人（日本企業の場合、大抵は内国法人と比して機能が単純である国外関連者）が国外関連取引より得るべき営業利益率を算定し、もってALPを算定するものです。

　TNMMは、公開情報を用いる点で基本三法と比べて適用可能性に優れたものであり、また、比較対象企業のスクリーニングを適切に行う限り、結論にも安定感があります（算定結果であるALPのぶれが少ない）。

　上述の各点は、実務上TNMMを用いる大きな動機付けとなってきた

ものです。国税庁の資料によれば、平成28年度に成立した相互協議事案のうち56％相当数にTNMMが用いられています。なお、国税庁が平成29年6月に公開したLFのサンプル2例は、いずれもTNMMを適用した事例です。

② 短　所
1)　比較対象企業を得られない場合があること
　一方で、公開情報より比較対象企業を得られることがTNMM適用の前提となっており、比較対象企業を得られない場合には、TNMMを適用し得ません。
　具体的には、同業者が限られている業種では、比較対象企業を得られない場合があります。また特定の市場では、比較対象企業の候補企業がいずれも関連者間取引（支配関係のある関連者間の取引）を営む者であり、関連者間取引を営む企業を除外した結果、比較対象企業が得られない場合があります。
2)　国外関連者に重要な無形資産の形成等への寄与がある場合
　1①2)で述べたとおり、国外関連者に重要な無形資産の形成等への寄与がある場合には、国外関連者を検証法人としてTNMMを適用することができません。
　なお、近時は、以下の2つの要因により、国外関連者の上記寄与を検討すべき場合が増加しているものと考えます。
　まず一点は、国外関連者が中長期にわたり事業を行う過程で、国外関連者が担う機能等が最早単純なものとはいえなくなる場合が生じています。例えば、電子製品の製造関連事業についていえば、この10年ほどの間に主要な製造業者が、わが国の事業者より、中国、台湾、及び韓国の事業者に取って代わる現象が見られます。かかる状況の下で、顧客たる製造業者に近い国外関連者の役割の重要性が高まるのは必然です。

もう一点は、わが国の企業による外国企業の買収例の増加です。わが国の企業が現地法人を設立する場合と異なり、独立の事業者たる国外の事業者は、重要な無形資産を有しており、かかる無形資産が、内国法人と買収先企業との間の国外関連取引上、超過利益の獲得に寄与しているか検討する必要があります。

3) 新興国の課税庁との関係

わが国の移転価格税制は、OECD ガイドラインに準拠したものであり、TNMM についても同様です。その一方で、一部の新興国の課税庁は、TNMM の帰結が不利であると考えて、独自の考え方に基づく移転価格ルールを国外関連者に課しています。

かかる新興国の課税庁の態度は、必然的に二重課税を生ずるものであり、また、当該課税庁は、課税庁間の相互協議においても非妥協的であるとのことです[3]。このようにわが国の移転価格ルールと矛盾するルールが国外関連者の居住国で適用されていることは、内国法人にとって、LF 作成に当たりいかなる方針を取るべきか、深刻な問題を生ずるものです。

[3]「月刊国際税務」2017 年 4 月号 31 頁以下「最近の相互協議の状況について」参照。

4) その他

TNMM は、実務上広範に用いられている手法であることから、上述のとおり諸々の問題点が論じられているものです。

また、国外関連者を検証法人として TNMM を適用して導かれる結論は、わが国の課税庁にとって好ましいものであり（国外関連取引に係る超過利益は内国法人に帰属すべきとする結論なので）、課税庁が TNMM を適用して課税処分を行う可能性が存在します。以下のコラムは、適切な TNMM の適用について論じたものです。

TNMMの功罪

　TNMMは今日、事前確認や移転価格調査において最も多く使用されているALP算定手法です。

　基本三法は取引の同種性、類似性のハードルが高く、内部比較者がいない限り外部から比較対象者を把握することが困難な場合が多いため、なかなか難しい手法であり、かつては基本三法に代えて利益分割法を利用するケースが多かったわけですが、それでも無形資産の絡む取引において残余利益分割法を利用してALPを算定しようとする場合などでは、無形資産の評価等に困難がありました。

　TNMMの場合、商業用データベースにより同業者の利益率レンジを把握することが比較的容易であるため、2004年の導入以来、その利用が一気に拡大してきました。

　同業者の利益率レンジと比較検討することは客観的・合理的な結果を得やすい面がありますし、無形資産の絡む取引であっても、機能・リスクの比較的簡単な側で比較すれば、例えば市場開拓など通常の無形資産の考えられる部分なら、比較対象者は一様に保有しているわけですから議論を進めやすいメリットがあります。

　その一方で、TNMMの利用には限界もあります。

　TNMMに使用する利益率レンジは、商業用データベース等により作成するわけですが、こうしたデータベースに比較に適した企業が必ず収録されているとは限りません。例えば中国などの場合、公開企業も少ないため、比較対象者がなかなか把握できないことがあります。

　そうした場合、市場や地域を少し広げたり、業種を広めに検討したりすることも必要となるケースも生じますが、存在するデータを優先するあまり、国外関連者との比較可能性を曖昧にすることは主客転倒となる虞があります。

　実際の事例で、国外関連者が卸売業であるにも関わらず、その比較対象者を製造業で採用しているものがありました。製造卸だから…ということなのかも分かりませんが、乱暴な話です。スクリーニングに恣意性が窺えます。

また、特定の市場で特定の製品に人気があり、その収益性が高くなっているというような場合に、例えば電化製品なら製品に類似性があるだろうというだけで、当該市場では大して売れていない製品を扱う企業に比較可能性は担保できるのでしょうか。その超過収益とされる利益は、本来どのように発生し、誰に帰属すべきものなのでしょうか。市場の分析、営業実態の分析、機能とリスクに関する議論が曖昧になっているのではないでしょうか。

　個々の企業の特質、市場の分析を議論せず、どこかのALP算定やファイル作成で使ったフォーマットを、多少手直しして強引に使いまわしているようなものも見かけられます。

　あくまで比較可能性を十分に考慮し、合理的な比較対象企業を抽出する必要があります。

＊　　　　　＊

　また、TNMMを片側検証のみで実施している事案も多く存在しますが、その場合却って利益配分に異常が生じることも大いにあり得ます。例えば、国外関連者の設立から日も浅い状況では、国外関連者に十分な利益が生じてないことは大いにあり得ることですが、この国外関連者の利益率レンジを成熟した比較企業で作成して利益を配分するならば、結果として親会社の利益が国外関連者に移転してしまうでしょう。甚しい場合には、親会社の切出し損益が赤字になっていることもあるかもしれません。具体的な状況をよく検討し、また取引全体で検証しておくことも必要でしょう。

　それとTNMMに限らず営業利益での比較を行う場合、営業戦略の違いや営業努力を無視した結果が生じることもあり得ます。国外関連者で営業努力を重ね、経費の節減を果たしたとしても、こうした努力と無関係に低いレベルでの営業利益がALPとされるのでは営業の現場は納得できないでしょうし、投資のリターンを求める合弁先の反発も必至でしょう。

　移転価格ポリシーとしてALPはどのように算定し、どのようにコントロールしていくのか、そして業績評価等はどうしていくのか、実態に合わせて十分検討しておく必要があります。

　TNMMは客観的な指標を用い、確かに利用しやすい手法ではありますが、コストも含め必ずしも万全な算定方法というわけではありません。

3 利益分割法

① 長　所

　利益分割法は、基本三法及びTNMMの適用がいずれも困難である場合の「最終の拠り所」であり、他の算定方法がいずれも適用困難な場合にALPの算定を可能とするものです。すなわち、基本三法及びTNMMは、比較対象取引または比較対象企業をもってALP算定の物差しとする手法であり、かかる物差しとなる取引または企業が得られない場合、利益分割法に拠る必要があります。

　また利益分割法は、国外関連取引から生ずる利益が限られている場合に適切な算定方法であると考えられます。すなわち、ある国外関連取引に関して内国法人及び国外関連者が得る利益が限られている場合に国外関連者を検証法人としてTNMMを適用すると、国外関連者が一定の（比較対象企業と同等の）営業利益率を確保する一方で、内国法人が得る利益が無いか、または損失が生ずる可能性があります。

　上記帰結が、当該内国法人及び国外関連者の機能リスクの状況と均衡を失するものであるならば、当該国外関連取引にTNMMを用いるべきではなく、利益分割法に拠ることが適切です。

② 短　所

　利益分割法の問題は、分割指標の認定及びALPの算定が容易でないことです。すなわち、内国法人及び国外関連者の利益に対する寄与（機能・リスク）を測る指標として何を用いるべきかは、国外関連取引に係る事業の業態や機能・リスクの状況により、個別に判断する必要があります。

　この点、寄与度利益分割法では、例えば内国法人と国外関連者の各営業費用（当該国外関連取引に係る切出し後の営業費用）をもって分割指標とすることを検討し、それが不適切である場合に他の指標を検討する対応が考

えられます。

　これに対し、残余利益分割法（RPSM：Residual Profit Split Method）は、内国法人及び国外関連者が通常利益[4]の獲得に貢献する一方で、その機能等の一部が超過利益の獲得に貢献したと解して、分割指標を設定するものです。

　かかる機能等の一部あるいは営業費用の一部と超過利益の獲得との因果関係は、明確に認定し得るものではなく、多くの場合、蓋然性の大小という形で（内国法人と課税庁との）議論が展開することになります。このように分割指標の認定の曖昧さ（特にRPSMの場合）を排するのが困難であることが、利益分割法の問題です。

　とはいうものの、利益分割法は、「最終の拠り所」であり、他の算定方法の適用が困難である場合にALPを算定し得る貴重な方法です。特に内国法人と国外関連者の双方に重要な無形資産の形成等への貢献があると解される場合、RPSM以外の算定方法の適用が困難と解される場合が少なくなく、実務上も相当の重要性があります[5]。

　　　[4]　RPSMは、内国法人と国外関連者が国外関連取引に関してそれぞれ得た利益の合算額（合算利益）より、各社の通常利益を算定し（TNMMと同じ方法をもって算定します）、各通常利益を控除して得た残余利益（超過利益）を、分割指標をもって分割するものです。
　　　[5]　内国法人と国外関連者の双方に重要な無形資産の形成等への貢献があると解される場合は、当該国外関連取引に関して多額の利益が生み出されており、課税庁の当該取引に係る移転価格への関心も高いといえます。

第2節 国外関連取引の内容及び各当事者の果たす機能等に対する算定方法の適合性

1 国外関連取引の内容

　国外関連取引が比較的単純なものである場合、すなわち、国外関連取引が棚卸資産の譲渡または役務の提供に係るものである場合[6]、基本三法を適用できる可能性があります。すなわち、国外関連取引が比較的単純なものであるならば、比較対象取引たる非関連者取引を見出す可能性も相応に存在するといえます。

　一方で国外関連取引が複雑である場合、典型的には、複数の国外関連取引をもって一の取引と見なしてALPを算定する場合には、その分比較対象取引を見出すことが困難となることから、基本三法以外の算定方法（TNMM及び利益分割法）を適用すべき可能性が高まることとなります。

　　［6］無形資産の使用許諾取引（ライセンス取引）については、CUT法（(Comparable Uncontrolled Transaction) CUP法に準ずる方法）を適用できる可能性があります。

2 国外関連取引の当事者の果たす機能等

　国外関連取引で用いられている重要な無形資産の有無及び帰属は、算定方法の選択に影響します。

① **重要な無形資産が存在しない場合**

　内国法人及び国外関連者のいずれにも重要な無形資産が認められない場合、基本三法（内部コンパラ）及びTNMMの適用が考えられます。そして、

前節3①で述べたとおり、TNMMを適用した結果、各当事者の機能等との権衡を失する場合、利益分割法の適用が考えられます。

② **内国法人のみ重要な無形資産の形成等への寄与が存在する場合**

標記場合には、上記①と同様、基本三法とTNMMの適用可能性を検討すべきこととなります。実務上、移転価格分析の対象となる国外関連取引の多くがこの場合に該当し、典型的なTNMMの適用局面です。

③ **内国法人と国外関連者の双方に重要な無形資産が存在する場合**

標記場合には、基本三法及び利益分割法（特にRPSM）の適用を検討すべきであり、TNMMの適用は一般に困難と解されています（前節2②参照）。

第3節 算定方法を適用するために必要な情報の入手可能性

基本三法とTNMMの適用に当たっては、ALPの指標となる比較対象取引または比較対象企業の入手可能性が問題となります。

1 基本三法

基本三法のうちCUP法では、比較対象取引の価格、RP法及びCP法では、比較対象取引の売上総利益(粗利)が適用のために必要となります。

そうしたところ、これらの情報を上場企業の財務情報等の公開情報より得ることは一般に困難であり、基本三法の適用に当たっては、主に当該内国法人と第三者間の取引(内部コンパラ)より比較対象取引を見出す必要があります。

すなわち、CUP法の適用には、国外関連取引と同種の棚卸資産または役務に係る比較対象取引が必要であるところ、一部の例外(金融取引)を除いて、同種の棚卸資産または役務に係る取引の価格情報を公開情報より見出すことは困難です。つまり上述の「同種」の該当性は、厳格に判定すべきものと解されており、類似の棚卸資産では足りません[7]。

> [7] 例えば、国外関連取引が自動車の卸売販売である場合、他メーカーの同様の車種(軽自動車、ミニバン、セダン)の卸売販売は、類似の取引である可能性がありますが、同種の取引ではありません。

また、RP法及びCP法の適用には、CUP法と比較して類似性の程度が緩和されているものの、CUP法と同じく、かかる取引を公開情報より見出すことは困難です。

すなわち、公開会社の財務情報の対象たる事業は、様々な種類の取引から成るのが通例であり、国外関連取引と類似の取引を営むものといえません。また、財務情報が事業セグメント毎に公表されている場合も、程度の差こそあれ前記状況に変わりはありません。つまり、公開情報より、当該企業（公開会社）が営んでいる取引の詳細を知り得ず、機能リスクの状況を十分に知り得ないので、当該企業の営む取引が比較対象取引といえるか判断し得ません。

2 TNMM

　TNMMは、検証対象企業（わが国の企業の場合、国外関連者）と同種事業を営み、機能・リスクが同様である企業の営業利益率をもって、ALPを算定するものです。基本三法において比較対象取引を見出す必要があるのに対し、TNMMでは比較対象企業を探せば足ります。またTNMMでは、比較対象企業の営業利益率をもってALPを算定することから、基本三法ほどの機能リスク上の類似性を要しないとされています。

　上述の各理由により、公開情報より比較対象企業を見出すことは、比較的容易であると解されており、かかる利点こそが、課税庁がTNMMを導入するに至った主たる理由であると解されます。

　ただ**第1節 2 ②**でも述べたとおり、上述の利点は、問題の国外関連取引において常に比較対象企業を見出せることを意味しません。問題の国外関連取引に係る事業の業種によっては、比較対象企業の候補企業がごく限られている場合が存在します。また、新興国が相手国である国外関連取引においては、候補企業の過半が関連者間取引に従事しており、競合者たる企業そのものは多数存在するにも関わらず、比較対象企業を見出し難い事態が存在します。

　この場合、比較対象企業を得るべく、市場を拡大した条件をもってスク

リーニングを行う対応が考えられます。ただ、かかる条件の適用を主張する者（課税庁または内国法人）は、市場が相違してもなお比較可能である旨を積極的に立証すべきことになります。

第4節 国外関連取引と非関連者間取引との類似性の程度

　基本三法は、国外関連取引と類似する比較対象取引を見出してALPを算定するものですから、その類似性の如何は、同方法の適用可能性を左右するものです。上述のとおり、一般に上場企業の財務情報等の公開情報より、比較対象企業を見出すことは困難であり、実務上は、内部コンパラの適用可能性という問いの下で国外関連取引と非関連者間取引との類似性が検討されます。

1 算定方法による類似性程度の相違

　第1節1等で述べたとおり、基本三法のうちCUP法とその他の手法（RP法及びCP法）では、求められる類似性の程度が相違します。すなわち、RP法及びCP法の適用においては、比較対象取引の目的たる棚卸資産または役務は、国外関連取引の棚卸資産または役務と類似していれば足りることとなります。

　実務上よく問題となるのは、ハイエンド製品（最先端の技術を適用した製品）と汎用品（陳腐化した技術を適用した製品）の相違です。

　すなわち、同種の電気製品（例：テレビ）であっても、ハイエンド製品と汎用品ではその価格に大きな相違があるのが通例であり、ハイエンド製品の売買たる国外関連取引の比較対象取引として汎用品の売買を用いることは一般に困難です。

　つまり、課税庁の視点からは、内国法人は、競争上の地位により獲得し得る利益に差異があるので、高い利益を見込める主力製品たるハイエンド

製品を国外関連者を通じて販売する一方で、利益にあまり寄与しない汎用品は、非関連者宛に販売している旨の予断が働くことになります。これに対し、内国法人は、上記視点を念頭において、各取引（国外関連取引と内部コンパラ）の棚卸資産または役務が、類似しており比較可能である旨を積極的に立証すべきことになります。

2 その他類似性（市場、取引段階及び取引規模）

国外関連取引と非関連者取引の類似性を判断する要素として、取引の目的たる棚卸資産または役務の他、納税者と課税庁との間でしばしば争点になる事項として、市場、取引段階及び取引規模の相違が存在します。

① 市 場

一般に市場が異なれば、非関連者取引または比較対象企業との比較可能性は無いものと解されています。問題は市場の捉え方です。

この点、顧客の存在する国または地域が相違すれば、市場が相違するとの見解が存在します。一方でそのような形式的・画一的な捉え方への疑義が存在します。すなわち、例えば、電子部品の製造販売業については、東アジア圏（中韓台及び周辺地域）を一つの市場と捉えることが妥当との有力な見解が存在します。

つまり、電子部品の主たる販売先（顧客）は、中韓台に所在する大規模な製造業者であり、これらの製造業者は、最終製品を全世界に出荷しています。かかる状況の下で個々の国または地域をもって市場と捉えることは適切でなく、また、そのように市場を狭く解すると適切な比較対象企業を得られないことになります。

② 取引段階

商流における取引段階（卸売、小売）の相違をもって比較可能性を欠くことになるかが、問題となります。

一般に検証法人が卸売を行うのに対し、比較対象企業が小売に従事する場合、両者は比較可能性を欠く可能性が高いといえます。その一方、商流中に複数の企業が介在し、一次卸、二次卸といった構造を形成している場合、各企業が比較可能性を有するか否かは、上記と比較して自明ではありません。例えば、形式的に取引段階が相違しても、販売先たる顧客が相当程度重複する場合、各企業は、比較可能性を有するとの見方が可能です。

③ 取引規模

　比較対象の候補たる取引または企業の規模が大きく相違する場合、比較可能性を欠く可能性があります。

1）　ボリュームディスカウント

　同種または類似の商品（または役務）に係る取引であっても、取引規模により対価が相違する可能性があります。すなわち、一般に取引規模が大きくなると、商品（または役務）の単価は逓減するものと解されています。つまり、売り手は、取引規模が大きくなることで固定費率等を軽減でき、より低い対価を受け入れることが可能となります。

2）　業種による相違

　一般に事業には規模の利益が働き、規模が大きい企業がより有利に事業を展開でき、より多くの利益（売上高比を上回る利益）を得ると解されています。

　規模の利益の妥当性は、業種により相違し、規模の利益が強く働く業種と、規模の利益が相対的に低い業種が存在します。一般に製造業は、規模の利益が働きやすい業種と解されており、一方で、近時に登場し発展したICT（情報通信）事業では、必ずしも規模の利益が働かないと解されています。

　移転価格分析の実務上、取引規模が一定数値（例：10倍）を超えて相違する場合、比較可能性を欠くとする考え方が存在します。しかしながら上

述のところより、規模の利益の妥当性は、形式的に判定し得るものではなく、実質的に検討してあるべき基準を見出す必要があります。

すなわち、例えば、問題の業種により、取引規模が10倍以上相違する取引または企業であっても、なお比較可能であり、一方で、10倍を下回る取引規模の相違をもって、比較可能性を欠くものと解すべき場合が存在することになります。

3) 利益の種類による相違

各算定手法のうち、ALPを算定する物差しとして、粗利（売上総利益）を用いる手法（RP法、CP法）と営業利益を用いる手法（TNMM）を比較すると、粗利を用いる手法の方が規模の差異による影響を受けにくいといえます。

すなわち、規模の利益が働く原因の一つに、企業の規模が大きくなると、売上に対する固定費の割合が低くなり、競合者よりも高い営業利益率を得られる点が存在します。そうすると、TNMMでは営業利益率を用いてALPを算定することから、検証法人と規模が大きく相違する企業をもって比較対象企業とすることは適切でないといえます。

一方で粗利を用いる場合、上述した固定費割合は、粗利率に影響しないので、営業利益率を用いる場合と比較して、規模の差異による影響を受けにくいことになります。

3 課税庁との議論に当たって

課税庁との比較可能性に係る議論の成否は、一般に承認された競争理論に基づいて、商品（または役務）と市場（競争者及び顧客）のダイナミズムにつき如何に認識を共有できるかに掛かっています。

そうしたところ、課税庁の担当者の経済分析に係る知識等には、個人差があり、また問題の事業（内国法人及び国外関連者が営む事業）の特性につ

き知識を有しないのが通例です。

　納税者たる内国法人は、上述の状況を念頭に置いて、課税庁の理解を得られるようごく噛み砕いて説明を行うことへの努力を怠るべきではありません。

第5節 重要な無形資産の認定
―ケーススタディ

　以下3種類の国外関連取引について、国外関連者に重要な無形資産の形成等への寄与があるか検討を行います。この検討では、内国法人に重要な無形資産の形成等の寄与があることを前提とします。このような前提を置くのは、先に述べたとおり、移転価格課税のリスクが相対的に高い取引を検討の俎上に挙げる趣旨です。

　また、国外関連者の重要な無形資産への寄与を問題とするのは、ALPの算定手法の選択上、この点が重要な分岐点になるからです。すなわち、国外関連者に重要な無形資産の形成等への寄与がある場合、国外関連者を検証対象としてTNMMを適用できないものと解されています。OECDガイドライン上も、重要な無形資産は、ユニーク（独自性が強い）ですから、内部コンパラを除き、比較対象取引（または企業）を得られないと解されています。

　上述のとおり、重要な無形資産の認定に係るメルクマールは、①機能の独自性（ユニークであること）及び、②当該機能によって顧客を得る蓋然性の高さであると考えられます。

1 Case Study(1)〜国外関連者の主たる機能が販売である場合

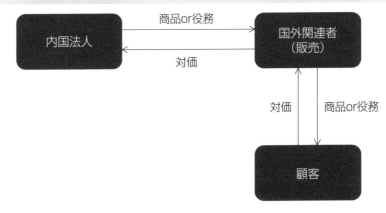

(1) マーケティング無形資産の認定が容易でないこと

　国外関連者の機能が主に販売機能である場合、当該機能が重要な無形資産の形成等に寄与しているか、いわゆるマーケティング無形資産の有無が問題になります。一般にマーケティング無形資産は容易に認定されないと解されています。

　すなわち、広告宣伝等の販促活動は、事業者がごく一般的に行うものであり、国外関連者が相応の組織と費用をもって販促活動を行ったとしても、当該活動が同種事業を営む企業の販促活動の範疇に留まるならば、重要な無形資産の形成等に寄与したものとはいえません。つまり、(小売業者等の)販売機能に特化した企業を比較対象企業として選定することで、国外関連者の販売機能については評価済みと考えられます。

(2) マーケティング無形資産を認定し得る場合

　マーケティング無形資産を認定し得る典型例として挙げられるのが、相当数の販売者（販売店）等をもって組織される販売網です。すなわち、時間と費用を掛けて築き上げた販売網は、超過利益の獲得に貢献している蓋

然性が相対的に高いものと解されます。

　また特定の業種は、マーケティング無形資産が存在する蓋然性が比較的高いと考えられます。例えば服飾品や化粧品の販売業は、当該事業のブランド（高品質を有する旨の潜在顧客が持つ印象）が販売に寄与するものと考えられており、ブランド形成のための販促活動が、マーケティング無形資産の形成等に寄与する蓋然性が相対的に高いと解されます。

（3）　販売とその他の機能の境界線

　国外関連者が商品受注に当たり、顧客と協議の上、商品の仕様を特定すること（スペックイン）は、通常の販売機能の範疇と捉えられます。一方、それを超えて国外関連者が、受注に際して商品の設計を行う場合には、当該機能が無形資産の形成に寄与すると認定する余地があります。ただ、両者の境界線は当然に明確ではありません。

2　Case Study(2)〜国外関連者が製造及び販売機能を有する場合

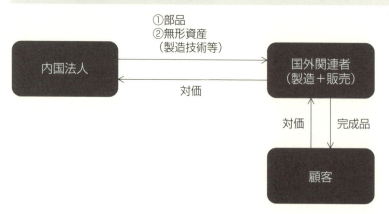

　国外関連者の機能が製造及び販売である場合、内国法人の研究開発または製造機能が重要な無形資産の形成等に寄与しています（上述のとおり、本ケーススタディでは内国法人に重要な無形資産への寄与があることを前提とします）。具体的には、内国法人は、半製品の販売やライセンス（技術及び

ノウハウ）を通じて、超過利益の獲得に貢献しています。

（1） 内国法人の無形資産（無形資産の相対性）

ここで留意すべき点として、無形資産の相対性があります。すなわち、わが国では既に陳腐化した製品または技術であっても、他の市場（特に新興国）ではなお新規性を有しており、超過利益の源泉である旨評価できる可能性があります。つまり、製品または技術の無形資産への該当性は、市場により異なり得るものです。

（2） 国外関連者の無形資産（ローカライズ）

国外関連者のローカライズ（localize）に向けた活動を通じて、無形資産が形成される可能性があります。すなわち、国外関連者が当該市場に即した独自仕様の製品を開発する過程で独自の無形資産が形成される場合があります。つまり、経年に伴い国外関連者の組織が拡大し、現地市場向けの研究開発機能を持つに至った場合、国外関連者が超過利益の獲得に貢献している蓋然性が高まることになります。

（3） 国外関連者の買収に伴う問題

近時、案件が増加しているわが国の企業による外国企業の買収により、移転価格分析上、複数の問題が生じています。なお、国外関連者への研究委託や共同研究の問題については、以下**第6節**で論じます。

① インテグレーション（Integration）の問題

当然ながら、買収先たる国外関連者との取引についても移転価格税制の適用があり、ALPをもって国外関連取引が履行されるよう、適宜対価の改訂を行う必要があります。

その一方で、わが国の企業は、外国企業の買収後も従前の経営陣と経営方針を尊重する例が多いとされています。かかる取扱いは、対価改訂を実施する上で障害となり得るものです。

②　固有の無形資産の評価

　また、買収先との国外関連取引については、買収先の固有の無形資産が超過利益の獲得に貢献しているかが問題となります。例えば、買収先の商流（販売網）を利用して内国法人の製品または役務を販売する場合、当該販売網または買収先の信用（ブランド）が超過利益の獲得に寄与しているか評価を要することとなります。

第6節　無形資産取引—ケーススタディ

(1) 無形資産取引の重要性

　移転価格分析上の無形資産取引の重要性は、改めて指摘するまでもありません。

　すなわち、移転価格分析における無形資産は、内国法人または国外関連者が国外関連取引より得る利益の源泉を広く包含する概念であり、知的財産権（特許、商標、ノウハウ等）の他、ブランド（必ずしも商標に包摂されない）流通・販売網、販売方法その他が含まれます。

　また、移転価格分析のプロセスである機能リスク分析は、問題の国外関連取引に係る無形資産の認定、及び無形資産の形成等への寄与の状況の分析と言い換えることが可能です。

　BEPSプロジェクトの急速な進行及び結実は、多国籍企業による、無形資産取引の一種である費用分担契約を用いた軽課税国への所得移転行為の横行、及び当該行為に対する諸国民の非難を受けたものです。課税庁の姿勢を反映して、無形資産取引については、一の国外関連者との年間取引額が3億円以上の場合、LFの作成義務が課されており、通常の取引（50億円）よりも低い閾値が設定されています。

(2) 無形資産取引の種類

　典型的な無形資産取引には、以下が存在します。

(i) 無形資産の形成（研究開発）に関するもの

　無形資産の形成に係る取引は、①研究開発の成果たる無形資産が一当事者に帰属するもの（例：研究委託契約）と②双方当事者に帰属するもの（例：

共同開発契約）に二分できます。

(ⅱ) 無形資産の利用に関するもの

無形資産の利用に関する取引は、①一方当事者が他方当事者に無形資産を利用させるもの（ライセンス契約）と、②無形資産を譲渡するもの（売買契約等）に二分できます。

(3) 無形資産取引の認識

無形資産は、その多くが物理的に視認できないものであることから、国外関連取引たる無形資産取引（典型的には、国外関連者に対する無形資産の使用許諾取引等）を漏れなく把握できるかが問題となります。

技術、ノウハウ等のライセンス取引を念頭に置くと、国外関連者の機能及び使用する技術・ノウハウに着目して、①国外関連者が内国法人の技術等を実施していないか、また、②内国法人が技術者等の人員を国外関連者に派遣して技術指導を行っていないか、あるいは、③国内で国外関連者の人員向けに技術研修を行っていないか等を検討することになります。

この点に関し、例示集3頁では、国外関連者が工場を建設する際に、業務に精通した内国法人の社員を派遣して業務を支援する場合に、ノウハウの提供等の無形資産の使用許諾取引が存在し得る旨が述べられています。

(4) 機能リスク分析―Case Study～研究委託vs共同研究

以下、研究開発取引を念頭に機能リスク分析を行います。すなわち、無形資産の形成に関して、各当事者（内国法人及び国外関連者）が如何に寄与したかが、無形資産取引に係る機能リスク分析の基礎となります。

① 機　能

研究開発に関する機能は、①研究方針の決定、②研究開発の実施、及び、③研究開発費用の負担に三分できます。これを各研究開発取引について見ると、以下のとおり各機能が帰属します。

(ⅰ) 研究委託契約：仮に内国法人が国外関連者に研究委託した場合、内国

法人が上記①③の機能を持ち、国外関連者が②の機能を持ちます。すなわち、内国法人が研究開発の方針を決定し（①）、国外関連者は、前記方針に従い研究開発を行います（②）。前記研究開発の費用は、内国法人が負担します（③）。

(ii) 共同開発契約：各当事者が①②③の各機能を持つのが通例です。すなわち、各当事者は、研究方針につき合意した上で（①）、予め合意した役割分担に従い研究開発を行います（②③）。

参考まで、以下、各取引の概念図を掲示します。

《研究委託》

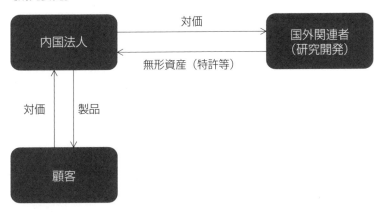

《共同研究》

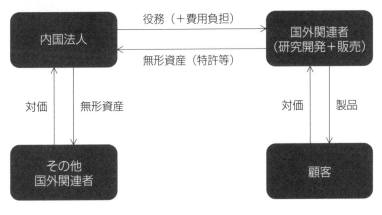

② **リスク**

　研究委託取引について、内国法人が国外関連者の研究開発費用を負担することをもって研究開発のリスクを負担するといえるかが問題となります。

　すなわち、一般に機能に対応する費用を負担する者は、リスクを負担すると解される一方で、研究開発費用の支払いをもって、研究開発のリスクを負担するといえるか、疑念が呈されています。かかる疑念の背景として、欧米の多国籍企業を中心に研究委託の一種である費用分担契約を用いた租税回避行為が横行している状況が存在します。

　このような状況は、OECD の BEPS プロジェクトの動機付けとなったものです。BEPS プロジェクトの成果を受けた OECD ガイドラインのコメントは、単なる研究開発費用の支払いは、研究開発のリスク負担として十分ではなく、委託者が、実質的に研究開発の方針を決定することが必要であるとします。

　また、研究開発が成功する可能性が高く、内国法人が負担するリスクが限定的と評価し得る場合には、所得相応（すなわち、内国法人が得る収益に応じて、国外関連者が利益分配を得ること）を実現する算定手法に拠るべきものとされています。

③ **法的所有権と経済的所有権**

　OECD ガイドラインによれば、知的財産権等の法的所有権と別途、各当事者の機能リスクに基づく経済的所有権を観念して、経済的所有権を基礎とする対価を精算すべきであるとします。

　すなわち、上述のとおり、研究委託では、研究開発の成果たる知的財産権等が委託者に帰属するところ、各当事者の機能リスクより受託者の超過利益への寄与を認定し得る場合、法的所有権の帰属如何に関わらず、委託者は、受託者に対し追加の対価を支払うべきことになります。

上述は共同研究でも同様であり、各当事者の機能リスクに鑑みた超過利益への寄与と、各当事者が享受する利益とが整合しない場合、当事者間での精算を要する（移転価格税制上の問題が発生する）ことになります。

(5) 算定方法

① 機能リスクとの見合い

内国法人の国外関連者に対する研究委託取引を前提とすると、内国法人が研究開発に係る重要な機能リスクを担っている一方で、国外関連者の機能リスクがごく単純なものであるならば、コストプラス方式による精算が相当と解されます。すなわち、国外関連者の発生費用プラス利益（発生費用に一定の料率を乗じて得たもの）をもって ALP ということが可能と解します。

ただ上述のとおり、無形資産取引の対価の相当性につき疑念が提示される状況があり、各当事者の機能リスクは、より実質的な分析を経たものである必要があります。特に、(a)研究開発の方針決定の主体、及び、(b)研究失敗のリスク（研究開発段階に応じた実質的なリスク評価）について、実質的な議論をなす必要があります。

もし上述の分析の結果、国外関連者の機能リスクがごく単純なものといえない場合、コストプラス方式による対価に加えて、事後に判明した所得に応じた精算を検討することが考えられます。

② 共同開発契約について

共同開発契約は、各当事者に研究開発の成果が帰属するので、この成果の共同帰属の点をもって、対価として相当といえるかが問題となります。

思うに、国外関連取引たる研究開発取引において、研究開発の成果たる無形資産をいずれの当事者が用いるかは、企業グループ全体の最適化の観点より定まるものであり、研究開発の各当事者（内国企業及び国外関連者）が成果を実施するかは、当然に明らかでありません。

したがって、①で述べたところと同様に、より実質的な検討が必要となるものと解され、(a)研究開発の目的との関係で各当事者による同成果の実施が合理的に想定され、また、(b)各当事者の役割分担が合理的なものであるならば、成果の共同帰属をもって対価として相当と解します。

　すなわち、例えば、近時に買収した国外関連者との共同開発契約のように、各当事者に独自の役割（知識等）があることが合理的に想定されるものであるならば、当該対価は比較的是認されやすいものと解します。

第7節 「切出し損益」について

1 損益の切出しとは何か

　CUP法等、基本三法によりALPを算定する場合には、売上価格やその原価が算定の根拠となります。

　しかしながら、TNMMやRPSMによりALPを算定しようとする場合には、検討対象の取引セグメントの営業利益がどうか、ということが問題になります。

　通常の法人決算の損益には、検討対象となる関連取引以外にも各種取引が混在し、さらに一般管理費が差し引かれ、その合計額として法人の営業利益が算定されています。この法人全体の営業利益から、検討対象となる営業利益を抽出することを「損益の切出し」といいます（OECD移転価格ガイドライン2.78）。

　通常、損益の切出しは、検討対象の取引セグメントの粗利益に、一般管理費等経費を適切に配分して算定します。

2 経費の適切な配分

　結論からいえば、経費の配分は合理的であればよい、ということになります。

　検討対象取引の粗利益は比較的簡単に集計できるでしょうから、経費、特に共通経費の取引への配分が課題でしょう。

　企業によっては管理会計やセグメント会計が十分に行われており、各取

引分野への経費配分が明らかで、検討対象取引に配分すべき経費もすぐに判明する場合もあると思います。

経費の合理的な配分の例を挙げるとするなら、取引との関係の濃淡で階層を分ける次のような手順が考えられます。

① 紐付き経費をまず配分する（他の取引の紐付き経費は配分しない）
② 関連事業分野の経費を配分する（国内取引分野は国外関連取引に関係ない）
③ 共通費用は適切な配分キーで配分する
④ 配分キーは、売上高、原価、人件費、作業時間、減価償却費等々から、業務の実情に合わせて適切に選定する

ただし、国外関連取引に係る売上等は、まさにこれからその正当性を検討しようとしている検証対象なのですから、これをあたかも所与の数字として配分キーにすることは適切ではありません。

③ 切出し不要の取引

海外子会社の中には、単純な機能しか持たず、取引も親会社との取引しかないようなものもあります。親会社との取引が、棚卸資産の売買、無形資産の貸与、役務提供などに分類されても、これを一つひとつセグメントに分ける必要はないでしょう。互いに密接に関連する取引として一体のものとして考えるなら、子会社の損益全体すなわち損益計算書そのものの営業利益を使用すればよいと思います。

2016年6月公表のローカルファイルの例示集でも、海外子会社の仕入全額が親会社からのものである場合、子会社全体の損益計算書を使用できる旨記述されています。

第8節 比較対象企業の選定

　TNMM を適用した場合の検証法人の比較対象企業の選定について述べます。

1　定量分析

　企業情報データベース（以下、「データベース」）を用いて、候補たる多数の企業より検証法人と類似する比較対象企業を絞り込む手続を、スクリーニングまたはベンチマークスタディといいます。網羅的かつ客観的な比較対象企業の絞り込みを行う上で、スクリーニングが有用であり、課税庁を含め、移転価格分析の実務上、広くこの方法が用いられています。以下個別のスクリーニング条件に言及します。

① 業　種

　産業分類コード（SIC コード）を用いて検索して、検証法人と同種事業を営む企業を選定します。実務上、できるだけ多くの候補企業を得る観点より、検証法人の事業と合致する可能性がある複数の SIC コードを用いて検索する例が見られます。

② 市　場

　検証法人と同じ市場（国または地域）で事業を営む企業を選定します。**第4節2①**で述べたとおり、業種及び顧客との見合い上、国または地域の差異に関わらず比較可能と考えられる場合、複数の国または地域をもってスクリーニング条件とする対応があり得ます。

③ 事業規模

　検証法人と事業規模（売上高）の差異の大きい企業を除外します。一つの基準として、10倍基準（検証法人より売上高が10倍以上または10分の1以下の企業を除外する）が存在しますが、前記基準が普遍性を有しないことは**第4節**2③で述べたとおりです。

　また、国外関連者たる検証法人は、現地での事業開始より時間が経過していない場合など、その事業規模が限られている場合に上記基準を適用すると、比較対象企業を得られない可能性があります。

④ 研究開発費比率

　重要な無形資産を有する企業を除外すべく、一定比率（例：売上高に対する研究開発費比率）を超えて研究開発費を支出する企業を除外するものです。すなわち、検証法人が単純な機能を有することが、TNMMの適用の前提となっており、研究開発費の支出割合の高い企業は、重要な無形資産を有する蓋然性があるので、かかる企業を除外するものです。

⑤ 赤字企業でないこと

　課税庁の移転価格分析では、比較対象企業が、調査対象事業年度（最大6事業年度）に対応する事業年度の半数以上で損失を計上していないことをスクリーニング条件とする例が一般的です。

　かかる課税庁の立場について、移転価格分析の目的は、内国法人または国外関連者が、ある国外関連取引に関して相当の利益を上げている場合に、当該取引の対価の相当性を検証するものです。ALP（独立企業間価格）算定上の物差しとなる比較対象企業を得るに当たり、赤字企業を候補とすることは、上記目的より不適切とする立場であると思われます。

⑥ 独立性指標

　比較対象企業は、独立企業である必要があります。すなわち、他の企業と支配関係にある企業の取引に係る対価をもってALPとなし得ません。そのため、50％以上の出資者（株主）が存在しないことをもってスクリー

ニング条件とするのが一般的です。50％未満の出資に留まる一方で役員構成等より独立性がないと見られる企業は、以下で述べる定性分析をもって除外します。

2 定性分析

　定量分析の結果得られる候補企業を、上述した独立性の点（支配関係の有無）の他、機能リスクの類似性の観点等よりさらに絞り込む手続が定性分析です。具体的には、候補企業に係る公開情報（有価証券報告書その他のIR情報、ウェブサイト情報）より、検証法人の機能リスク等との相違の有無を検討します。定性分析上の検討事項として、以下各項が存在します。

① **事業内容または割合**

　形式的に検証法人と候補企業が同種事業を営んでいても、実質的に相違すると見られる場合が存在します。例えば、候補企業が取り扱う商品（または役務）が、専ら企業向けか、あるいは消費者向けであるかにより、その費用構造（研究開発費、広告宣伝費）は少なからず相違します。

　また、候補企業が複数の事業を営んでおり、主たる事業が、検証法人の事業と相違する場合が存在します。すなわち、データベースに掲載された企業のうち、検証法人と同一の事業のみ営む企業は少数であり、複数の事業を営む企業がむしろ多数です。そうすると、候補企業において検証法人と同一の事業の割合がごく限られている事態が生ずることとなり、このような場合、当該企業を候補企業より除外すべきこととなります。

② **機能リスク**

　検証法人と候補企業の機能リスクの状況が少なからず相違しており、候補企業として適切でない場合が存在します。

　例えば、検証法人の販売機能が、その組織及び費用支出の状況より、ごく単純な機能を有するに留まると見得る場合に、広告宣伝費の支出割合の

高い企業を候補企業とすることは、適切でないと考えられます。また検証法人が製造機能を有する場合において、ファブレス製造業者（自らは製造設備を保持せず、第三者に製造を委託する事業者）を候補企業とすることには疑義が存在します。

③ **事業戦略**

検証法人と候補企業の事業戦略が相違している場合、候補企業として適切でないと考えられます。

すなわち、個々の企業は、その時々において投資及び回収に係る戦略を保持しており、ある企業は、当座の収益を度外視して相当規模の投資を行います。つまり、追って多額のリターンを得られることを期待して、多額の先行投資を行う戦略を取っている可能性があります。一方で成熟期に入った事業につき、追加投資を極力抑えて収益を確保する真逆の戦略があり得ます。

そうすると、検証法人が投資重視の事業戦略（現地市場への浸透を図るべく投資を先行させる）を採用するのに対し、回収重視の事業戦略を採る企業は、候補企業として適切でないと考えられます。

3 企業情報データベースの問題

TNMMは、わが国の移転価格分析上、最も使用頻度が高い算定手法の一つです。その理由として、①わが国の企業が海外展開する場合において、国外関連者は単純な機能及びリスクを有するに留まることが典型的であり、また、②取引法（CUP法、RP法、CP法）の適用に必要な比較対象取引に関する情報を公開情報より得るのに難がある事情が存在します。

TNMMの適用に必要な比較対象企業を得るには、企業情報データベースを利用する方法が一般的であるところ、当該データベースの利用料が高額であることが、制約となっていました。

この点を受けて、近時、個別の国外関連取引につき、ベンチマーク（比較対象企業及び利益率情報）を提供するサービスの利用が可能となりました。つまり、利益率情報のばら売りです。以下参考まで、ビューロー・ヴァン・ダイク・エレクトロニック・パブリッシング株式会社の上記サービスに係る資料を転載します。同社の企業情報データベースは、わが国の課税庁の他、各国の課税庁がこれを導入しており、移転価格分析における事実上の標準となっています。

【参考】

BUREAU VAN DIJK

□ 選定条件（サンプル）

選定条件	内容	該当企業数
(1) 上場・未上場区分	上場企業のみ	66,314
(2) 国・地域	北米	14,197
(3) 産業分類コード	3714（自動車部品製造業）	74
(4) 比較対象企業の独立性	50％以上の株式を保有されていない企業	52
(5) 財務データ収録年度	3年間（　～2015年）全ての年度で財務データの収録がある企業	42
(6) 赤字基準	3年間（2013～2015年）全ての年度で営業赤字の企業を除外	34
		34社

Copyright © Bureau van Dijk Electronic Publishing KK. All right reserved.

　上記資料は、比較対象企業の選定（スクリーニング）条件を表示したものです。すなわち、上記資料では、①上場・非上場、②市場（国・地域）、③業種（産業分類コード）、④関連者取引への非該当（独立性）、⑤財務データの有無、及び⑥赤字企業の除外の条件をもって比較対象企業を34社まで絞り込んでいます。

なお、実務上は、上記各条件に加えて、⑦売上高及び⑧研究開発費割合（重要な無形資産を有する企業の除外）の条件をもってスクリーニングがなされる例が多く見られます。

　また、上記サービスは、選定条件に対応する企業情報データベースの検索結果を提供するものであり、比較対象企業の選定プロセスのうち、いわゆる定量分析に相当するものです。選定プロセスのうち、いわゆる定性分析（定量分析の結果得られた比較対象企業の候補たる企業の事業詳細をアニュアルレポート等で参照してさらに絞り込むプロセス）については利用者側で適宜行う必要があります。

【参　考】

最終的な成果物

比較対象企業候補群および四分位レンジ

	A	B	M	N	O	P	Q	R
1		企業名	国	都市	業務概要（英語）	総売上高 mil JPY 2012	総売上高 mil JPY 2013	総売上高 mil JPY 2014
2	1.	HONEYWELL INTERNATIONAL INC	UNITED STATES OF AMERICA	MORRIS PLAINS	Honeywell International Inc. (Honeywell) is a diversified technology and manufacturing company. The Company is engaged in serving customers across the world with	3,259,906	4,112,492	4,862,516
3	2.	MAGNA INTERNATIONAL INC	CANADA	AURORA	The Company is a global supplier of technologically-advanced automotive systems, components and complete modules.	2,685,214	3,668,126	4,420,370
4	3.	LEAR CORP	UNITED STATES OF AMERICA	SOUTHFIELD	Lear Corporation is engaged in providing automotive seat systems and individual seat component parts. The Company has two segments: seating and electrical. The	1,260,774	1,709,440	2,138,621
5	4.	AUTOLIV, INC.	UNITED STATES OF AMERICA		Autoliv, Inc. is a developer, manufacturer and supplier of automotive safety systems to the automotive industry. The Company's range of product offerings includes passive safety	715,483	926,998	1,114,774
6	5.	TENNECO INC.	UNITED STATES OF AMERICA	LAKE FOREST	Tenneco Inc. (Tenneco) is a producer of clean air and ride performance products and systems for light vehicle, commercial truck, off-highway and other vehicle applications.	637,268	838,609	1,015,789
7	6.	BORGWARNER INC	UNITED STATES OF AMERICA	AUBURN HILLS	BorgWarner Inc. is a supplier of engineered automotive systems and components for powertrain applications. The Company operates through two segments: Engine and	621,706	783,074	1,001,927

Copyright © Bureau van Dijk Electronic Publishing KK. All right reserved.

　上記資料は、スクリーニングの結果得られた比較対象企業（の候補）の

一覧です。

【参 考】

最終的な成果物

比較対象企業候補群および四分位レンジ

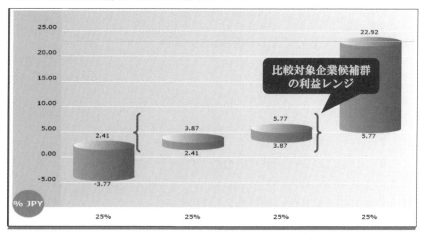

Copyright © Bureau van Dijk Electronic Publishing KK. All right reserved.

　上記資料は、比較対象企業（の候補）の営業利益率の分布状況を表示したものです。比較対象企業のうち、営業利益率の上位25％の企業（仮に比較対象企業が100社ある場合、上位25社）と下位25％の企業を除いた利益率の幅が、いわゆる四分位レンジであり、上記資料でいえば2.41％～5.77％が四分位レンジです。

　わが国の移転価格分析の実務では、検証法人（内国法人または国外関連者）の営業利益率が四分位レンジの範囲内に収まるならば、当該国外関連取引について所得の移転は無いものとするのが通例です。わが国の企業が営む国外関連取引では、国外関連者が検証法人となるのが通例であり、国外関連者の営業利益率が四分位レンジの範囲内に収まるか、という形で検証が

なされます。

　上記サービスの利用は、①国外関連取引の規模及び数が限られている企業、及び②多くの国外関連取引を有する企業が、そのうち、中小規模の国外関連取引の対価の妥当性を検証する際に、特に有用と思われます。他方、大規模な取引や複雑な機能リスク分析を要する国外関連取引については、上記サービスをそのまま利用することは難しいと思われるため、状況に応じた使い分けが重要と考えられます。

第9節 算定手法の適用—差異調整について

　わが国の移転価格税制の執行に当たっては、比較対象取引の選定に当たって検討すべき諸要素の内容について、措置法通達66の4(3)-3で明らかにされています。

　そして、比較対象取引の選定の過程で、国外関連取引との間に差異が認められる場合に、当該差異が各独立企業間価格の算定に影響を及ぼすことが客観的に明らかである場合には、比較可能性を高めるために「差異の調整」を行うことが認められています。

　わが国の課税当局が公表しているものとしては、「取引条件の差異の取扱い」（移転価格事務運営指針4－3で、貿易条件、決済条件、契約条件に関する調整が明らかにされています）、「会計処理方法の差異の取扱い」（措置法通達66の4(4)-5で、棚卸資産の評価方法、減価償却資産の償却方法の差異調整について明らかにされています）、「機能・リスクの差異」（移転価格事務運営指針4－3で、機能・リスクの差異に関して支払った費用の額により測定できる場合に限るとされています）があります。

　一方、米国の移転価格税制の執行においては、貸借対照表上の項目に関する調整が行われています。代表的な項目としては、在庫調整、売掛金調整、買掛金調整などがあります。

　これらは運転資本調整とよばれることがありますが、当該調整を行う合理的理由としては、取引条件の一つである売掛金や買掛金の決済期間の長短、在庫水準が取引価格に影響しているとの判断があります。そこで、検証対象企業と比較対象企業（コンパラ）との比較可能性を高めるために、

このような差異を調整するために運転資本調整が必要であるとされています。このような運転資本調整についてのわが国の課税当局の見解は、明確にされてはいませんが、例えば、資本調整のうち、棚卸資産調整については次のような観点から議論されることがありますので、運転資本調整を行うに当たっては各調整項目の合理性について説明可能かどうか慎重に検討する必要があります。

① 市場価格は在庫水準によって決まるものではありません。顧客は金利が上乗せされた価格で購入するより、計画的な購入で仕入価格を下げることを選択する可能性も考えられます。

② 各企業の在庫水準は売上と仕入の関係で決まるため、多くの在庫を抱えることが特定の企業にとっては、必ずしも大量仕入や顧客に対する迅速な納品に結びつくものではありません。

③ 企業によっては、需給のバランスを図るために在庫を保有する場合があります。最適な在庫水準は資金調達や運転資本によって決まるのではなく、企業を取り巻く環境やリスクによって決まることが多く、金利部分に着目した在庫調整はこの観点が反映されていないと考えられます。

④ 不良在庫の存在により在庫水準が高くなっている可能性があります。

⑤ 在庫水準が高くなると当該企業にとっては在庫を保管する費用が増加し営業利益に影響すると共に倉庫や貯蔵施設への投資が必要になることがありますが、当該影響は棚卸資産調整では考慮されていません。

このような理由から、運転資本調整(一般的にはTNMMの適用において行われています)については、相手国や事案によって行っているケース、行っていないケースがあり、一般的には、米国を除くと当該調整を行っている事例は少ないと考えられます。

その他の差異調整としては、為替リスク、研究開発費などの調整が挙げられますが、当該差異を定量化し、的確な調整を実施することは困難であることから、採用事例は限定されています。

第10節 外国の移転価格法規との関係

1 国外関連者の所在地の移転価格ルール

① 問題の所在

　移転価格に関する法規は、わが国のみならず国外関連者の所在国にも存在し、これらの国は、わが国と同様に BEPS プロジェクトの結果を受けて、相次いで同時文書化制度を導入しています。移転価格税制が関連国家間の利害に関わることから、わが国の文書化制度に対応する一方で、国外関連国の所在国の文書化制度に如何に対応するかは、しばしば困難な問題となります。

② 問題の状況

　上述のように移転価格税制は、本質的に国家間の利害対立に関わるものです。すなわち、わが国の課税庁は、国外関連取引を通じて内国企業が得るべき所得が国外関連者に移転することを問題視するものであり、これは国外関連者の所在国の課税庁から見れば税収減を帰結するから、にわかに容認し難いことになります。

　上述の国家間の本質的な利害対立に加えて、以下述べる状況が存在することでわが国と外国の各移転価格ルールの遵守は、一層困難な問題となっています。

1） 機能リスクに係る考え方の相違

　新興国の中には OECD ガイドラインと異なる基準により移転価格課税を行う国が存在します。具体的には、当該国の安価な労働力や成長する市

場が、超過利益の獲得に貢献する旨主張するものです。これらの新興国は、OECDガイドラインを資本輸出国（わが国を含む）に有利な内容であると考えて、当該内容と相反するルールに則って移転価格課税を行うものです。

かかる国家間の立場の相違に伴う企業の二重課税のリスクに対処すべく、相互協議または事前確認制度が用意されており、わが国と相手国の課税庁が協議することで二重課税を可及的に防止すべく対処することになります。

しかしながら、新興国の中には非妥協的な姿勢をもって相互協議に臨む国家が存在するので、長い時間を費やしても相互協議が決裂し、または、事前確認が不確認に終わることになります。このように考え方が相違する一部の新興国の移転価格ルールを遵守し、その一方でわが国のルールも遵守することは、移転価格ルール遵守上の最大の難問の一つです。

2) 文書化ルールの閾値の相違

別途論じたとおり、新興国では、わが国と同種の移転価格文書の提出義務を定める一方で、MFとLFについて、わが国の提出義務の閾値よりも低い閾値をもって提出義務を課す例が多く見られます。特にLFについては、ごく低い閾値を設定する例が多く、新興国に所在するわが国の企業の子会社たる国外関連者の多くがLFの提出を負っていると見られます。

2 わが国の移転価格ルールとの矛盾の解決

① 相互協議及び事前確認

わが国と外国の移転価格ルールの相違による矛盾を解決し、二重課税を防ぐために設けられた制度として、（課税処分後の）相互協議及び事前確認（バイラテラルAPA）が存在します。

ただ相互協議は、課税処分を受けた事後的な対応であり、相互協議の決裂のリスクが存在します。事前確認についても同様に不確認のリスクが存在し、また、事前確認の未処理事案が積み上がる傾向があることから、課

税庁では、内国法人の事前確認申請を受けて、二重課税のリスクの有無を慎重に吟味し、リスクが高くないと見られる事案については、事前確認を推奨しない対応を取る例が見られます。

上記に加えて、各対応策には、時間とコストを伴う問題が存在します。すなわち、二国間の協議による解決に至るには複数年の期間を要し、また、各手続につき専門家に対処を委嘱するのが通例です。

事前確認制度の詳細及び留意事項について、本書**第7章**「事前確認制度の活用について」を参照下さい。

② **移転価格文書の内容の統合**

わが国の課税庁向けの LF を作成するに当たり、外国の課税庁向けの LF と内容を統一すべきかが実務上しばしば問題となります。

同一の国外関連取引に係るものである以上、外国の課税庁に提出したLF が既に存在する場合（上述のとおり新興国における LF の閾値が低いことから、この事態はしばしば存在します）、提出済みの LF の内容のうち流用可能なものは、わが国の LF に流用することが便宜です。わが国の課税庁もこの事態を想定しており、英文の LF を提出することを許容しています[8]。

[8] なお課税庁の指示があった場合、和訳の提出義務が存在します。

その一方で各国の課税庁に対し、完全に一致する LF を提出することが適切であるかは、一考を要するものです。

何度も述べるとおり、移転価格分析は、本質的に国家間の利害が対立する分野です。実態と相反する内容を LF に記載するのが適切でないのは当然として、主として事実の評価について、各国の移転価格ルールに適合するよう表現を書き分けること、例えば強調すべき事項を書き分けるなどの対応は、許容されるものと解します。

CbC レポートと異なり、MF 及び LF が情報交換の対象となっていないことは、上述の機微を反映したものとも考えられます。

ロイヤリティの支払制限

　上述した移転価格ルールの相違の他、新興国との国外関連取引に係る移転価格上の問題を深刻にする要因に、新興国におけるロイヤリティの支払制限の問題が存在します。すなわち、新興国では、（実施製品の売上高に対し）一定の料率を超えるロイヤリティの支払いを制限する例が見られ、このため国外関連者より、ライセンサーたる内国法人に対し、機能リスクに見合うロイヤリティを支払うことが困難となっています。

　かかる事態は、わが国の企業の国外での事業展開の進展に伴い、内国法人が商流に一切絡まない、いわゆる外々取引が増加していることを要因とするものです。今後事態がさらに進展して、新興国との取引における移転価格の問題がより深刻になることが予想されます。

第4章

ローカルファイル作成事例を学ぶ

第1節 本書のローカルファイルサンプルの利用法（国税庁のローカルファイルサンプルとの比較を念頭に）

1 国税庁発表の諸資料と本書の目的

　国税庁が平成29年6月に発表した移転価格ガイドブック（「庁ガイドブック」）は、平成28年6月に発表した「独立企業間価格を算定するために必要と認められる書類（ローカルファイル）作成に当たっての例示集」（以下、「例示集」）と併せて、納税者が主体的にLFを作成するためのガイドブックです。庁ガイドブックは、移転価格税制を取り巻く現在の状況、基本的な問題、そして2つのLFサンプルの3部構成より成っています（以下参照）。

① Ⅰ　移転価格に関する国税庁の取組方針～移転価格文書化制度の整備を踏まえた今後の方針と取組～
② Ⅱ　移転価格税制の適用におけるポイント～移転価格税制の実務において検討等を行う項目～
③ Ⅲ　同時文書化対応ガイド～ローカルファイルの作成サンプル～
　　　（以下、「庁サンプル」）

　本書の目的は、庁ガイドブック及び例示集の内容を補足することで、読者に、自社の国外関連者が移転価格の問題を有するか、また個別の問題にどう対処するか判断するための助けとなることを想定したものです。具体的には、本書では4つのLFサンプルを掲載しており、同サンプルでは、それぞれ異なる4種類のALPの算定方法を採用しています。これは読者に算定方法の選択に当たりより多くの選択肢を提供し、また、選択上の留

意点（各算定方法の長所・短所等）を示すことを目的としたものです。

2 庁サンプルについて

　以下では、まず庁サンプルの要旨及び評価について述べ、次にその対比として、本書のLFサンプルの位置付け及び利用法について述べます。

① **2つのローカルファイルサンプル及びサンプルの構成**

　国税庁では、納税者が自らLFを作成できるように2つの具体的な事例を公表しています。一つは、日系企業をイメージした国外子会社等とのアウトバウンド取引、もう一つは、外資系企業の日本子会社をイメージしたインバウンド取引です。従って、多くの日系企業にとっては、以下に紹介するサンプル1がLFの作成に当たってはより有用であると考えられます。

　庁サンプルの構成は、基本的には租税特別措置法施行規則第22条の10第1項、及び第2項の規定で要求されている書類について、網羅することに主眼を置いたものです。従って、各企業がLFを作成するに当たっては、例えば、目次の順番については、これまでの経験によれば柔軟に対応するほうがより理解を深めることになる場合があります。

② **庁サンプルの設例とOECDガイドラインの影響**

　庁サンプルの事例は、アウトバウンド（サンプル1）及びインバウンド（サンプル2）に関する典型的な事例です。すなわち、①わが国の企業が事業展開の一環として国外進出を行った場合（サンプル1）、及び、②多国籍企業がわが国に事業進出した場合（サンプル2）の典型的な事象を描写するものです。いずれの例も親会社が、子会社に対し事業上の強いコントロールを及ぼしていることが前提となっています。

　庁サンプルは、OECDガイドラインの立場にごく忠実な内容です。すなわち、各サンプルでは、機能リスク分析において、収益の源泉たる無形資産は何か、また無形資産の形成等にいずれの当事者が寄与しているか、

というアプローチを明確にしており、親会社が従前の事業展開により築き上げてきたブランドについて結論を導く上で重視していることが伺われます。

　上述したブランドに加えて、事業上の決定権限の点が強調されていることも注目に値します。すなわち、いずれのサンプルも現地子会社が販促活動を行う上で親会社の支援がある他、重要な意思決定は、親会社に権限があることが強調されています。機能リスク分析上、意思決定の主体を明確にして、もって無形資産の形成等に寄与するものとする、OECDガイドラインの立場に忠実な記述であるといえます。

③　算定手法(TNMM)

　算定手法については、2例とも取引単位営業利益法（TNMM）を適用しており、実務的に使用頻度が高いものであることが背景になっていると考えられます。そのため、日本の課税当局として、適用に当たって、より比較可能性に厳格さが求められる基本三法（CUP法、RP法、CP法）、重要な無形資産の認定の困難さや分割ファクターの選択の困難さのある利益分割法（PS法、RPSM等）等については、サンプルを公表していません。

　なお、庁サンプルは、いずれも算定手法としてTNMMを選択する一方で、比較対象企業の選定に至るスクリーニングの詳細を割愛しています。課税庁がかかる記述に留めたことについて、個別具体的なスクリーニング条件を記載すると、このような条件が正当性のあるものと取られて、一人歩きすることを懸念したものとも受け取れます。

　すなわち、特定のスクリーニング条件に言及すると、納税法人が当該条件に固執してスクリーニングを行った結果、比較対象企業が得られない事態が起こり得ます。かかる事態は、移転価格分析上、TNMMに実務上の有用性があり、また広範に用いられている実態に鑑みて、望ましくないといえます。

④　コストマークアップについて

　取引価格の設定について、庁サンプルでは、製造費用や購入費用等に一定のマークアップをする旨の記載がありますが、このような方法が日系企業に従来から行われている方法、すなわちコストマークアップ（CP法に近い）方式です。

　一方で、独立企業間価格の算定に当たっては、国外関連者を検証対象として、利益水準指標としては売上高営業利益率（OM）、すなわち売上総利益率（再販売価格基準法）から販売管理費率を差し引いたものとなっています。

　そのため、実務上、企業の価格コントロールにおいて両者をどのようにマッチングさせるか悩ましい問題があります。また、依然として日系企業においては、子会社の実績評価において、子会社の営業利益を用いているケースが見受けられます。

⑤　**切出し損益及び差異調整**

　切出し損益については、課税当局が国外関連取引の利益配分が当事者の機能リスクに整合的か否かを判断するものですが、親会社側では、これまで各国外関連者毎に営業利益ベースでは把握をしていないケースが多く見られます。そのため、LFの作成において行う切出し損益の作成に当たっては、販売管理費についてどのような配賦キーを用いるべきか悩ましいところです。

　切出し損益の結果が課税庁にとっては、国外関連者の営業利益水準の推移と共に所得移転の判断基準の一つとなっており、移転価格調査のトリガーとなる可能性があることに留意する必要があります。

　また庁サンプルでは、差異調整について行ったとしていますが、その内容については触れておらず、企業にとっては、米国等で行われている運転資本調整などが認められるのか否か分からないことから具体例を示しても

らえたらと思われます。

　なお、移転価格事務運営指針4－3（差異の調整方法）では、貿易条件、決済条件、ボリュームディスカウントに加え、機能リスクの差異に関して特定の費用が売上または売上原価に占める割合を用いて調整を行うことができるとされています。

⑥　**根拠資料**

　庁サンプルで言及されている根拠資料は、課税庁がどのような資料に依拠して事実認定を行うか推知する上で有用です。例えば、機能リスク分析上、各当事者の組織図が不可欠の資料の一つとされていることが伺われます。また、①定量的情報（財務資料）、②定性的情報（経営会議資料）、及び③双方の性質を有する資料（組織図）を総合して、事実認定をなす姿勢が伺われます。

⑦　**近時の動向との見合い**

　上述のとおり、庁サンプルでは、企業の海外進出における典型的な事例を挙げるものであり、経年により、各当事者（特に現地子会社）の機能等が変遷する展開を想定していません。

　すなわち、日系企業において、アウトバウンド取引が増えるとともに、製造拠点等の新興国への移転がさらに進んで、販売統括拠点の新設などが進行している状況においては、機能リスクの限定された国外関連者といった形態だけでなく、より複雑な機能を有する国外関連者の場合についてのLFの例を示すべきと考えます。

3　本書のローカルファイルサンプルの位置付け及び利用法

①　**本書のローカルファイルサンプルについて**

　本書では、4つのLFサンプルについて、基本三法たる独立価格比準法（CUP法）及び再販売価格基準法（RP法）、取引単位営業利益法（TNMM）、

及び利益分割法（寄与度利益分割法）とそれぞれ異なるALPの算定方法を適用しました。

なお基本三法のうち、本書サンプルで採用していない原価基準法（CP法）は、わが国の企業が国外関連者たる製造子会社との取引対価を算定する上で、原価をマークアップした金額をもって対価とする方法を広く用いており、かかる方法はCP法の疑似的手法と評価すべきものです。

② ALPの算定方法の選択

移転価格税制は、TNMMの他、いわゆる基本三法と利益分割法をALPの算定方法として認めるものであり、企業は、LFその他移転価格文書の作成に当たり、最善の算定方法を選択しなければなりません。

かかる算定方法の選択は当然に定まるものではなく、複数の有力な算定方法の適用を試みた上で優劣を決するのが、むしろ通例です。このような決定上の考慮要素には、①重要な無形資産の有無及び帰属（内国法人または国外関連者）、②比較対象取引（または企業）の入手可能性及び比較可能性、及び、③結論の安定性（利益分割法の適用における分割指標の認定など）が存します。

上記の各点に加えて、④国外関連者の所在国の移転価格ルール及び課税庁の方針を考慮する必要があります。すなわち、別途論じたとおり、当該所在国がOECDガイドラインと異なる移転価格ルールを採用し運用する場合、双方（わが国と国外関連者の所在国）の移転価格ルールを遵守することは、非常に困難な問題となり得ます。

③ TNMMの利用

上述のとおり、庁サンプルでは、2例とも取引単位営業利益法（TNMM）を適用しています。TNMMは、移転価格分析上、最もポピュラーな手法と認識されており、庁サンプルは、課税庁が現状を是認するものと受け取れます。

その一方で、経済のグローバル化（わが国の企業の国外展開及び機能移転等）がさらに進展する環境の下で、ALPの算定は、非常に難しくなってきています。例えば、取り扱う商品の同種性も判定が困難になっているケースが多く見られます。この点、TNMMは、柔軟性があり、業種、対象エリアを広げることで、とりあえずの結論に導くことが可能となっています。

　ただ、TNMMは決して万能な手法ではありません。また、比較対象企業の選定に当たっては、企業情報データベースを利用する必要があり、データベースの利用には相応の費用が必要となります。

④　説得的なローカルファイルの作成

　LF作成に当たって大事なことは、会社の実情（すなわち、個別の国外関連取引の状況、及び対象市場の状況）、及び同実情より生ずる論点に即して、LFを作成することです。そして導かれたALP及びその算定過程が、課税庁の検証に耐える説得力を有する必要があります。その上で切出し損益、差異調整等、技術的な事項に過剰にとらわれることなく、会社の事業方針を押し出して骨太な主張を心掛けるべきです。

第2節 ローカルファイル作成事例

事例① 取引単位営業利益法の適用事例

【事例のポイント】

　取引単位営業利益法（TNMM）は、価格や売上総利益率ではなく、検証対象法人と比較対象法人の営業利益率を比較して独立企業間価格（ALP）を算定する方法です。商業用データベース等を利用して比較対象法人を抽出できるため、基本三法と比較してより容易に ALP を算定することが可能です。近年では調査、事前確認等において最も多く使用されている方法です。

　この事例では、外―外取引（Out-to-Out）の製造子会社からのロイヤリティの回収を取り上げています。

　かつては委託加工的に行われていた海外生産も、グローバルな企業再編の中、海外製造拠点として現地で原材料を購入し、製品を製造して現地あるいは第三国に出荷するようになりました。

　こうした製造子会社は、親会社のブランド、ノウハウ、特許等の無形資産を活用して製造を行うわけで、当初から親会社と同等のブランド力、競争力を持っています。親会社は、コストをかけて積み上げてきた経済的に価値のある無形資産を貸し与えているのですから、当然にその対価を収受すべきであり、ロイヤリティの回収が必要になります。

　しかし、こうした重要な無形資産をグループ外の第三者に利用させることはまずあり得ないため、独立価格比準法（CUP 法）の適用は困難とな

ります。

　事例では、取引単位営業利益法を利用し、一般的な製造企業と比較して超過利益を求め、これを回収すべき対価とする手法を紹介しています。

外―外取引の製造子会社との取引事例

＊右欄「頁」は仮定のものです。以下、事例内は同じ。

目　次	
内　　　容	頁
1　当社及びグループの概要	1
2　国外関連者の概要	2
3　市場等に関する分析	3
(1)　○国市場に関する分析	3
(2)　その他の分析	4
4　当社及びA社の事業方針等	4
(1)　当社の事業方針	5
(2)　A社の事業方針	5
5　国外関連取引の詳細	5
(1)　国外関連取引の概要	5
(2)　国外関連取引に係る契約関係	6
(3)　国外関連取引の内容と価格設定について	6
6　国外関連取引に係る当社とA社の機能及びリスク	7
(1)　当社について	7
(2)　A社について	8
(3)　無形資産の形成への貢献	9
7　独立企業間価格の算定方法	10
(1)　独立企業間価格の算定方法	10
(2)　比較対象取引の詳細	11
8　A社との国外関連取引に密接に関連する取引について	12

添付資料目次	
内　　　容	頁
1　当社及びグループの概要	―
添付資料1　グループの資本関係図	―

第2節　ローカルファイル作成事例　　93

	添付資料2　当社会社案内	—
	添付資料3　当社組織図	—
2	国外関連者の概要	—
	添付資料4　A社組織図	—
3	市場等に関する分析	—
	添付資料5　市場分析レポート(業界紙)	—
4	当社及びA社の事業方針等	—
	添付資料6　当社事業方針に係るグループ戦略資料	—
5	国外関連取引の詳細	—
	添付資料7　当社とA社及びE社の取引関係図	17
	添付資料8　A社組織図	—
	添付資料9　「商標及び製造技術等の使用許諾並びにロイヤリティに関する契約」	—
	添付資料10　ロイヤリティ及びA社営業利益の推移表	—
6	国外関連取引に係る当社とA社の機能及びリスク	—
	添付資料11　国外関連取引に係る当社及びA社の機能に関する整理表	18
	添付資料12　国外関連取引に係る当社及びA社のリスクに関する整理表	19
	添付資料13　国外関連取引において使用している無形資産に係る整理表	20
7	独立企業間価格の算定方法	—
	添付資料14　検証結果	—
	添付資料15　母集団法人リスト	—
	添付資料16　選定基準の理由	—
	添付資料17　除外理由一覧	—
	添付資料18　比較対象企業概要	—
	添付資料19　比較可能性検討資料	—
	添付資料20　利益率レンジ算定資料	—
8	A社との国外関連取引に密接に関連する取引について	—
	添付資料21　E社組織図	—
	添付資料22　製品販売契約書	—
	添付資料23　E社単体財務諸表	—
	添付資料24　E社比較対象企業概要一覧	—
	添付資料25　独立企業間価格レンジ	—

1　当社及びグループの概要

　当社は、○年に日本で設立された法人で、○○の製造に始まり、お客様の本質的なニーズを先取りしつつ独創的な家庭用電子調理器具や関連する什器等暮らしに身近な製品を製造、販売してまいりました。

　当社製品は、その信頼性、独創性や機能性について高い評価を得ており、当社の商標○○は国内では信頼の証となっていますが、グローバルな展開につれ、世界的にもその知名度が高まっています。

　次の表のとおり、○社の製造・販売子会社をグローバルに配置しており、2018年3月期におけるグループ全体の売上高は○○億円となっています。

地　域	製造会社	販売会社	売上高	従業員数
アジア	○社(当社、A他)	○社	○○億円	○○○人
北米	―	○社	○○億円	○○人
欧州	―	○社	○○億円	○○人

　また、主要な製品及び当該製品に係る主要製造会社は次のとおりです。

区　分	主要製品	主要製造会社
電子調理器具	IH○○	当社　○国A社
什器	ステンレス○○	×国B社

　地域毎の概要は次のとおりです。

（日本）

　日本においては、当社が製品の製造、販売を行うと共に、グループのセンターとして、製品開発、製造技術開発、ブランド等無形資産の管理、マーケティング戦略の企画立案等を行っています。

　なお、当社製品○については、国内○％、全世界○％のシェアを有しており、特に知名度の高い製品となっています。

（アジア）

　アジアは、食文化に共通性も多く、先の売上高を見ても分かるとおり当社製品の一大市場であり、また生産の拠点です。

　製造子会社であるA社ならびにB社は、現地で原材料を仕入れ、当社の製造ノウハウを活かして電子調理器具等を製造し、当社ブランドの製品とし

て、○国ほか各国販売子会社に供給しています。

(北米)
　北米では、米国の販売子会社C社を中心に当社製造製品の販売を行っており、売上は着実に伸びております。

(欧州)
　欧州では、ベルギーの販売子会社D社により、電子調理器具を中心に当社製品を販売しています。

　　　　＊添付資料1　グループの資本関係図
　　　　＊添付資料2　当社会社案内
　　　　＊添付資料3　当社組織図

2　国外関連者の概要

　○国に所在するA社は、○国向け製品の製造子会社として、当社が100％出資して○年に設立しました。
　2017年12月期のA社売上高は○○億円で、従業員数は○○人です。
　A社は、もともと本社から○販売子会社E社向けに販売していた製品群についての製造を移管したもので、原材料仕入は現地で行いますが、金型や機械設備は当社のアドバイスに基づき日本の取引先から購入して使用しており、当社から製造技術、製造ノウハウ等の提供を受け、厳しい品質管理のもと、当社ブランドとして現地販売子会社E社に製品を供給しています。

　　　　＊添付資料4　A社組織図

3　市場等に関する分析

(1)　○国市場に関する分析
　①　○国の経済情勢の概況
　　　○国は、近年目覚ましい経済発展を続けてきました。一時の成長に比較すれば、経済成長の鈍化は否めない状況となっていますが、2017年の国内総生産（GDP）も○％を記録するなど、まだその成長は続いています。

急激な経済成長に伴い、○国では海外向け生産等への投資が過熱する一方で、社会インフラの整備が経済発展に追い付いていない面もあり、また国内での経済的な格差も目立ってきているとの報道もしばしば聞かれるところです。

今後は、少し緩やかな経済成長のもと、内需型産業への投資やインフラ整備が進められていくものと予想されます。

② ○国内における業界の動向

経済成長に伴い、○国内の生活様式や消費性向にも大きな変化が生じており、当社製品のような家庭用電子調理器具も既に一般化し、普及しています。正確な統計等の利用はできませんが、類似の家庭用電化製品の売上は2017年には対前年で○％の伸長があったとの報道もあり、購買力のポテンシャルは相当に高いと見込まれます。

当社製品は、その信頼性や機能性の高さから、市場での人気が高い状況が続いており、昨今、日本製品をまねた、より廉価な現地製品が次々に投入されたものの、購買層自体の拡大の中で好調な販売が続いています。

今後、高機能・高価格な製品と、低機能・低価格な製品が、直接の競争をせずに拡大していくと予想され、当社グループでは当面安易な廉売競争に参加せず、ブランドを維持していくことを重視しています。

＊添付資料5　市場分析レポート（業界紙）

(2) その他の分析

A国における地理的に特有な事情、許認可、政策等で国外関連取引の損益等に大きな影響を与えるものは特にありません。

4　当社及びA社の事業方針等

(1) 当社の事業方針

引き続き機能性に富んだ信頼性の高い独創的な製品を御家庭にお届けしてまいります。

グローバル展開においては、各国での日本食ブームの中、安易に廉価商戦に参入することなく、今後とも当社ブランドを高く掲げ、アジア市

場を中心として製品供給を強めてまいります。

　また、食習慣等が異なり、これまで当社製品が浸透しにくかった市場においても、培われたノウハウを活かしつつ、より現地に適合した新製品の開発に努め、供給を増大してまいります。

(2) A社の事業方針

　引き続き、高品質な製品を安定的に供給していくことを第一目標とします。

　また、現地向け意匠改善等について本社へ積極的に提言していけるよう、発信力を強化していきます。

　現在の生産キャパシティにおいては、○国内需要への対応で手一杯という状況ですが、×国B社新工場での生産開始を受け、×国での需要を見定めつつ、長期的なグローバル供給網の構築に努めていく予定です。

　　　＊添付資料6　当社事業方針に係るグループ戦略資料

5　国外関連取引の詳細

(1) 国外関連取引の概要

　当社がA社と行っている国外関連取引は、次のとおりです。

① A社に対する製造技術や商標等無形資産の使用許諾

② A社に対する技術指導やアドバイス及び従業員のトレーニング等の役務提供

③ A社からロイヤリティ支払い

　A社は、その製品を同国内のグループ法人である販社E社に納めていますので、取引は連鎖しています。

　　　＊添付資料7　当社とA社及びE社の取引関係図
　　　＊添付資料8　A社組織図

(2) 国外関連取引に係る契約関係

　当社とA社間の取引に係る契約は別添資料のとおりで、この契約に基づき、A社はロイヤリティの負担により当社の商標・製造技術等を使用し、また当社からの技術指導を受けることができます。

　　　　　＊添付資料9　「商標及び製造技術等の使用許諾並びにロイヤリ
　　　　　　ティに関する契約」

(3)　国外関連取引の内容と価格設定について
　　各国外関連取引の内容とその価格設定については、以下に述べるとおりです。
　　また、期末毎に国外関連取引の取引価格が独立企業間価格となっていることを検証していますが、下記「7　独立企業間価格の算定方法」で説明するとおり、当社とA社との各取引がそれぞれ密接に関連していることから、これを個別に検証せず、一体のものとして検証しています。
①　A社に対する当社無形資産の使用許諾
　　当社がA社の使用を認める製造技術やノウハウ、商標等の無形資産については、A社との間で「商標使用及び製造技術等の使用許諾並びにロイヤリティに関する契約」を締結しています。
　　同契約上の対象無形資産は以下のとおりです。
・商標
　　製品に関する商標権で、当社が所有するもの
　　（出願中のものを含む）
・特許
　　製品に関する意匠権を含む特許権及び実用新案権で、当社が所有または第三者が当社に使用許諾しているもの
　　（出願中のものを含む）
・製造技術及びノウハウ
　　製品の製造に係る技術的な情報やデータ等で、法的な登録が無くとも当社が保有し有用性が認められるもの
　　これらの無形資産使用の対価については、A社が（主としてE社向けに）製造販売する製品売上高のx％をロイヤリティとして四半期毎に当社に支払う旨同契約書に規定されており、2017年の1年間ではその金額は〇億円となっています。
②　A社に対する技術指導等の役務提供取引
　　当社は、自社ブランドの品質を維持し、A社生産の合理化をすすめ

るため、上記「商標使用及び製造技術等の使用許諾契約」に基づき、A社工場の立上げ以来その工程の改善や製造技術の向上、ノウハウの定着等のため、適宜技術者を派遣し、問題分析、技術指導、従業員のトレーニング等の役務提供を行っています。

簡単な作業であれば、個々の派遣に対し、費用に見合った対価を徴収することもあり得ますが、当社の役務提供は貸与する無形資産と不可分な関係にあることに鑑み、上記ロイヤリティによりその対価を受けることとしています。

＊添付資料10　ロイヤリティ及びA社営業利益の推移表

6　国外関連取引に係る当社とA社の機能及びリスク

(1)　当社について

当社では、関連商品の製造・販売を行い、製品に対する深い知見と多様なデータを保有しています。また、ブランド維持のため、全世界での商標登録と広告宣伝、徹底したアフターサービスを実施しております。

① 機能

・技術開発

本社研究開発部に設置されているテクニカルセンターにおいて、グループの研究開発業務を専担しており、ここで新製品開発や素材研究、低コスト化研究を行っております。

・広告宣伝

営業本部・広告宣伝部においてグローバルな営業戦略の企画立案を行い、世界の各市場に向けた広告宣伝や展示会の開催等によるブランドの浸透を図っております。

・ブランド維持

上記のとおりブランドの浸透を図ると共に、偽ブランド商品等の市場からの駆逐のため、海外営業部等で市場調査の充実を図り、出荷差し止めなどの法的措置に努めています。

② リスク

当社は製品の研究開発、ブランド力の低下、為替変動のリスクを負っています。

　　　　＊添付資料11　国外関連取引に係る当社及びA社の機能に関
　　　　　　する整理表
　　　　＊添付資料12　国外関連取引に係る当社及びA社のリスクに
　　　　　　関する整理表

(2)　A社について
　①　機能
　　　A社では、原材料を仕入れ、当社製造技術を活用して製品を製造し、関連販社E社に製品を販売しています。その意味で原材料仕入や従業員給与などの原価の管理、製造ロスの負担、在庫管理、納品管理、製造責任等の一般的な製造機能を果たしています。
　　　一方、営業の面では、現在の製造キャパシティから関連販社E社への納入がほとんどであり、限定的なものとなっていますが、納入価格や細かな意匠変更の協議等はA社で実施しています。
　　　広告宣伝、ブランドの維持という点では、本社のグローバル展開に依存している状況ではありますが、市場での情報に基づく偽ブランド摘発等については本社・E社との共同対応に努めております。
　②　リスク
　　　A社が負担するリスクは、原材料価格等の変動、操業度の低下、製造ロスの増加、見込み生産品の長期在庫、製造責任、市場価格の変動等があります。
　　　　＊添付資料11　国外関連取引に係る当社及びA社の機能に関
　　　　　　する整理表
　　　　＊添付資料12　国外関連取引に係る当社及びA社のリスクに
　　　　　　関する整理表

(3)　無形資産の形成への貢献
　　　当社の製品ブランドは、高い品質とたゆまぬイノベーションを重ね、長い年月をかけて現在の確固たる地位を得たものであり、当社グループの利益の源泉です。
　　　これは、当社が消費者のニーズをよく捉え、製造技術と品質向上に努

め、要望に真摯に向かいあってアフターサービスを徹底して築き上げてきたものです。

当該ブランドに関しては、本社で築きあげ、維持してきたものであり、一般的な製造・販売では生み出し得ない超過利益の源と考えています。

＊添付資料13　国外関連取引において使用している無形資産に係る整理表

7　独立企業間価格の算定方法
(1)　独立企業間価格の算定方法
  ①　選定された独立企業間価格の算定方法
  ・取引単位営業利益法に準ずる方法と同等の方法
  ・検証対象はA社の製造販売取引に係る損益
  （関連販社は別途独立企業間価格を検証しています。詳細は次の「8　A社との国外関連取引に密接に関連する取引について」を参照してください。）
  ・検証する利益指標は売上高営業利益率
  ②　上記の手法が最も適切である理由
  ・A社における製造販売、当社の無形資産使用許諾、A社のロイヤリティ支払いは相互に密接に関連しており、これを一体の取引として算定することが合理的と判断されました。
  ・○国内においてA社は非関連者への販売を行っておらず、また公開データからも比較可能な取引を把握できなかったため、独立価格比準法、再販売価格基準法及び原価基準法は適用できませんでした。
  ・利益分割法については、比較可能な利益分割指標が把握できなかったこと、所得発生の寄与度を推測し得るに足る適切な分割要因が把握できなかったこと、取引参加者の一方にしか超過利益を生む無形資産が保有されていないことから適用していません。
  ・取引単位営業利益法に準ずる方法と同等の方法については、複数の比較対象取引があり、これら複数取引に係る利益率の幅を用いて独立企業間価格を算定することが合理的と考えられるため、算定手法として適用しました。

・検証対象は、国外関連取引参加者のうち、より機能が単純であることに鑑み、A社としています。

③ 選定された独立企業間価格算定手法による当該国外関連取引の検証結果
・比較対象取引に係る売上高営業利益率は○％～○％（フルレンジ）となり、その平均値は○％です。
・A社の2017年12月期の売上高営業利益率は○％であり、上記レンジ内にあることから、国外関連取引は独立企業間価格で行われたものと考えられます。

　　＊添付資料14　検証結果

④ その他
　選定した算定手法を適用するに当たって、重要と考えられる前提条件は、以下の「8」で述べるように関連販社が独立企業間価格で取引を行っていることが挙げられます。

(2) 比較対象取引の詳細
① 比較対象取引の選定
・比較対象取引候補の特定
　2018年3月時点における企業情報データベース○○を用い、業種分類コードを参考として○○、○○といった業種に属する企業を母集団としました。
・比較対象取引の選定過程
　選定に当たっては、定量基準及び定性基準に基づき、比較可能性の無い法人を除外し、最終的に○社を選定しています。
定量基準：○○、○○、○○　定性基準：○○、○○、○○
　重要な無形資産を保有する企業を極力排除するため、研究開発費用の大きなもの、HPでブランド力を誇示しているようなものは選定から外しています。

　　＊添付資料15　母集団法人リスト
　　＊添付資料16　選定基準の理由
　　＊添付資料17　除外理由一覧

② 選定された比較対象取引等の明細
・比較対象法人数：○社
・検証に用いる利益率
比較対象取引に係る売上高営業利益率は○％～○％（フルレンジ）となり、その平均値は○％です。
この利益率の範囲を独立企業間価格としてA社の売上高営業利益率を検証しています。
＊添付資料18　比較対象企業概要
＊添付資料19　比較可能性検討資料
＊添付資料20　利益率レンジ算定資料

8　A社との国外関連取引に密接に関連する取引について

A社は、その製品を○国販売会社E社に供給し、E社が第三者である○国内代理店等に卸売りしています。

E社は○国の販売子会社として○年に当社100％出資で設立し、A社が設立されるまでは当社から製品を購入しておりました。2017年12月における売上高は○○億円、従業員は○○名です。

A社とE社は当社グループの国外関連者であり、取引は連鎖状態にありますので、A社製品の購入によりE社が負担することになるA社から本社へのロイヤリティを含め、両者の取引が各々独立企業間価格で実施されているのかという点は重要な問題です。

A社・E社間では、「製品販売契約書」を交わしていますが、製品価格は基本的に当社との取引価格を踏襲しており、E社の売上高営業利益率が、E社比較対象法人の利益レンジのほぼ平均値である○％となるように設定されています。

これは、もともと本社・E社間の取引価格の設定において、E社の売上高営業利益率を検証対象として、取引単位営業利益法により独立企業間価格を算定していたことが背景にあります。

現在においても、E社の売上高営業利益率を検証し、その関連取引が独立企業間価格として適切であることを検証しています。

＊添付資料21　E社組織図

＊添付資料22　製品販売契約書
＊添付資料23　Ｅ社単体財務諸表
＊添付資料24　Ｅ社比較対象企業概要一覧
＊添付資料25　独立企業間価格レンジ

【添付資料7】
○当社とＡ社及びＥ社の取引関係図

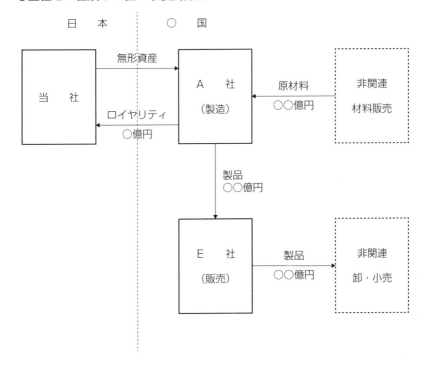

【添付資料11】

○国外関連取引に係る当社及びA社の機能に関する整理表

活動区分	当社の機能 部署(人員)	当社の機能 内容	A社の機能 部署(人員)	A社の機能 内容
製造			○工場 (○名)	当社製造技術を活用した製品の製造及び不良品対応
調達	製造管理部 (○名)	製造ライン設備に関するアドバイス	資材部 (○名)	現地非関連者からの原材料仕入
			購買部 (○名)	機械設備購入、改修
営業	営業本部 (○名)	グローバルな営業戦略の企画立案	営業部 (○名)	販売会社との協議 生産数見込作成 顧客ニーズ、クレームへの対応
	海外営業部 (○名)	価格政策、管理 各国マーケティング		
広告宣伝	広告宣伝部 (○名)	広告宣伝活動の企画立案		販社と協力して現地での広告宣伝
研究開発	研究開発部 (○名)	基礎・応用研究 製品開発 製造技術開発		
	製造管理部 (○名)	製造ライン設計 製品設計、仕様変更対応		
商標	管理部 (○名)	知財の登録管理 争訟	営業部 (○名)	販社と協力し情報収集
	海外営業部 (○名)	偽ブランド情報収集		

【添付資料12】
○国外関連取引に係る当社及びA社のリスクに関する整理表

リスクの種類	リスクの内容	リスクの負担者 （対応のための機能）	影響と対応
研究開発	製品の陳腐化、顧客ニーズの変化、新機種導入タイミング等の要因により、研究開発費の回収ができない	▷本社 （顧客ニーズ、市場に係る情報収集）	直接的には研究開発費だが、結果的には全グループの売上にダメージを受ける
原材料価格の変動	原材料等原価の高騰を価格に転嫁できない	▷本社 （コスト削減のための研究開発） ▶A社 （仕入先の多角化安定化と長期的供給契約の締結）	価格高騰の幅による現状では急激に高騰するような部材は使用しないようにしている
市場価格の変動	競争激化による販売条件の悪化、需要の悪化により利益が確保できない、あるいは費用回収ができない	▷本社 （ブランドと差別化） ▶A社 （コストダウン、ライン整理）	機能性、信頼性等で廉売製品とは差別化を図っている
製造ライン操業度	生産稼働率の低下、生産調整や休止により、製造に係る利益が獲得できない	▶A社 （販社と協力し、適切な生産予測を立て、ラインの操業度の安定化を図る）	操業度の低下の程度、期間の長短で影響額は変わる
製品在庫	在庫保有による陳腐化や、減耗・除却等の損失	▶A社 （販社と協力し、適切な生産予測を立てるとともに納期の安定化に努める）	顧客の納期要求に応じるため一定の在庫を保有するが、市場情報の収集に努め、在庫ロスを抑える
信用	対価回収のリスク	▶A社 （販社への与信管理）	直接の販売先は関連者であり、危険は少ない信用不安の連鎖はあり得る
製造物責任 製品保証	製品の使用による事故や顧客からのクレーム対応等に要する費用、風評被害	▶A社 （製造技術の向上） ▷本社 （基本的設計等の研究開発、適切な技術指導）	直接人命にかかわるような製品ではないが、誤使用による火傷や風評被害はあり得る
為替変動	通貨が異なることによる為替差損の発生	▶A社 （為替予約等の利用）	通貨の差異はロイヤリティ部分のみであり、リスクは限定的

【添付資料13】

〇国外関連取引において使用している無形資産に係る整理表

無形資産の区分	当社の無形資産	A社の無形資産
	内容・契約条件等	内容・契約条件等
製品に係るもの	・製品に係る研究開発成果 　特許、製造技術、ノウハウ等 ・製品仕様のノウハウ	
製造に係るもの	・製造に係る特許、ノウハウ等 　製造方法特許、ノウハウ 　工場レイアウト 　機械使用ノウハウ 　従業員トレーニング	
商標権 意匠権	・ブランド保有 ・商標登録(ロゴ含む)	
マーケティング	・市場での浸透と認知度 ・高い信頼性	

事例② 再販売価格基準法の適用事例

【事例のポイント】

　国外関連取引を行っている企業において、営む業種が商社的な卸売業に該当する場合に、子会社が進出している国において、比較可能な対象企業を公開データから見つけ出す作業は、困難なケースが散見されます。

　一方、国外関連取引の検討が不十分なまま、TNMM（取引単位営業利益法）を適用し、公開データから比較対象企業の選定を行い、選定された比較対象企業のデータから得られる営業利益率のレンジをもって、検証対象取引が独立企業間価格で行われていることを立証しようとする方法が利用されている場合があります。ところが、比較対象を公開データから検索する場合、新興国を中心にそもそも上場企業が少なく、情報の開示が限られていることもあり、比較可能性を厳密にすればするほど、すなわち定量的な条件（売上高、資産、従業員数等の事業規模に関する基準、研究開発費率や広告宣伝費等の割合に関する基準など）を設定すればするほど、比較可能性のある比較対象企業が残らないといった状況が生まれることがあります。

　さらに、比較可能性の高い同業他社については、そもそもグローバルに展開する多国籍企業では同様に国外関連取引を行っていることが想定されることから、移転価格税制上、比較対象取引とは認められていません。その結果、定量的な条件が緩められ、企業のホームページやアニュアルレポートの事業内容の記述から明らかに異なる企業を除いていった結果（消去法的な選定の結果）で営業利益率レンジを算定するといった方法がとられています。この点については、企業の担当部署の方との話でも公開データに基づいて比較対象企業として選定された企業について、自社の国外関連取引との比較可能性について、あまり似ていない企業が選定されているのではないかとよく議論になるところです。

安易な TNMM の採用は、従来のグループ企業間の取引価格設定の方針と大きく乖離することが懸念され、事業戦略の見直しを迫られる事態も想定されます。そこで、これから移転価格文書化を行う企業の実務担当者の方には、まず、自社内に潜在的な比較可能性のある取引があるか否かという点についてよく検討していただきたいと思います。そうした検討を行う際の参考になればと思い、この事例を挙げさせていただきました。

卸売業における海外販社との取引事例

目　　次		
内　　容		頁
1	当社及びグループの概要	6
2	国外関連者の概要	8
3	市場等に関する分析	8
(1)	A国市場に関する分析	8
(2)	その他の分析	8
4	当社及びA社の事業方針等	9
(1)	当社の事業方針等	9
(2)	A社の事業方針等	9
5	国外関連取引の詳細	9
(1)	国外関連取引の概要	9
(2)	国外関連取引に係る契約関係	9
(3)	国外関連取引の内容と取引価格の設定について	10
(4)	各国外関連取引に係る損益	10
6	国外関連取引に係る当社とA社の機能及びリスク	11
(1)	当社及びA社の果たす機能	12
(2)	当社及びA社の負担するリスクについて	12
(3)	無形資産の形成への貢献	13
7	独立企業間価格の算定方法等	14
(1)	独立企業間価格の算定方法	14
(2)	比較対象取引の詳細	18
(3)	選定された独立企業間価格の算定方法による当該国外関連取引の検証結果	19

(4)	その他	19
8	A社との国外関連取引に密接に関連する取引について	19

添付資料目次		
内　　　容		頁
1	当社及びグループの概要	―
	添付資料1　グループの資本関係図	―
	添付資料2　当社会社案内	―
	添付資料3　当社組織図	―
2	国外関連者の概要	
	添付資料4　A社組織図	―
3	市場等に関する分析	
	添付資料5　市場分析レポート（業界紙）	―
4	当社及びA社の事業方針等	―
	添付資料6　当社事業方針に係るグループ戦略資料	―
5	国外関連取引の詳細	―
	添付資料7　当社とA社の取引関係図	20
	添付資料8　当社とA社の間の契約書	
	添付資料9　各国外関連取引に係る取引金額等の詳細	
	添付資料10　国外関連取引に係る当社及びA社の営業損益の推移表	
6	国外関連取引に係る当社とA社の機能及びリスク	―
	添付資料11　国外関連取引に係る当社及びA社の機能に関する整理表	21
	添付資料12　国外関連取引に係る当社及びA社のリスクに関する整理表	22
	添付資料13　国外関連取引において使用している無形資産に係る整理表	23
7	独立企業間価格の算定方法等	
	添付資料14　検証結果	―

1　当社及びグループの概要

　当社グループは、○○年に日本で設立された法人で、当社グループは自動車部品や電子情報材料の製造のための原材料や部材等をメーカーに代わって調達するとともに、メーカーに対して新たな用途を提案する販売マーケティング活動も行う商社です。2018年3月期における連結売上高は○○億円、従業員は○○人ですが、次の表のとおり販売会社をグローバルに展開しています。

地　域	販売会社	売上高	従業員数
アジア	○社	○○億円	○○○人
北米	○社	○○億円	○○人
欧州	○社	○○億円	○○人

また、主要な取扱製品は、次のとおりです。

区　分	主要製品	販売会社
工業用材料	自動車用部品	当社、A社、B社
電気・電子部品	電子情報材料	C社、D社

　地域毎の概要は次のとおりです。
（日本）
　日本においては、大手の日系企業が機能化学品の研究開発を進めており、電子情報材料の分野では、半導体、電子回路、ディスプレイ、LED、電池材料など成長を遂げています。そうした中で、当社は当該メーカーと連携して新たな用途の開発につなげる提案型営業を行う商社として営業活動を行っています。また、工業用材料の分野でも、プラスチック部品を中心に自動車メーカーへの提案型営業を行う商社として活動しています。

（アジア）
　アジア地域においては、工業用プラスチック製品や自動車部品の製造に関して、日系企業だけでなく欧米及び中国・韓国の多国籍企業の現地子会社も製造活動を行っており、原材料から最終製品までの地域内でのサプライチェーンも構築されていることから、当社と競合する販売会社も多く、価格競争が常に行われています。当社としては、顧客からの品質に関する日本企業への信頼性を背景に、新たに用途の提案やアフターサービスなどについても迅速な対応に心がけるとともに、日本のサプライヤーと連携した販売活動にも注力している状況にあります。

（北米）
　北米では、米国の販売子会社C社を中心に当社の取扱製品の販売を行っていますが、着実に売上を伸ばしてきています。

（欧州）

　欧州では、ドイツの販売子会社D社により、現地の化学品メーカーを中心に原材料等を販売しています。また、将来的には、ドイツ国内に留まらず、EU域内においてもEU各国のメーカーに販路を広げる予定です。

　　　　　添付資料1　グループの資本関係図
　　　　　添付資料2　当社会社案内
　　　　　添付資料3　当社組織図

2　国外関連者の概要

　A国に所在する国外関連者A社は、当社の取引先である複数の日系の自動車部品メーカーのA国への進出を機に、2000年に設立した、当社が100%直接出資する子会社になります。2017年12月期におけるA社の売上高は○○億円で、従業員数は○○人となります。

　A社では、当社から購入した中間財を現地の日系企業の子会社や新たに開拓した現地のメーカーへ販売しています。また、汎用品を中心に第三者からの仕入販売も拡大させるなど独自の販売活動も行っています。

　　　　　添付資料4　A社組織図

3　市場等に関する分析

(1)　A国市場に関する分析

　　A国を含む地域では原材料から最終製品までのサプライチェーンが国境を越えて形成されており、グローバルに事業を展開している多くの化学品メーカーや自動車部品メーカーが同地域に進出しています。そのため、同地域では、化学品メーカーや自動車部品メーカーによる原材料の調達をはじめ製造、販売等に関して同一の経済圏が形成されており、グローバルな企業が同地域に製造拠点を設けていることから多くのサプライヤーが競合して経済活動を行っているのが現状です。

　イ　A国の経済状況の概況（添付資料5　市場分析レポート（業界紙）参照）
　ロ　A国内における主要な自動車部品メーカーの動向(略)

(2) その他の分析

　　A国における地理的に特有の事情、許認可、政府の政策が、各国外関連取引の損益等に与える影響は、特にありません。

　　　　添付資料5　市場分析レポート（業界紙）

4　当社及びA社の事業方針等

(1) 当社の事業方針等

　　調達先との関係の維持に努め、顧客からのニーズに迅速に対応していくための提案型の営業体制の更なる充実に努めています。

(2) A社の事業方針等

　　現地での顧客ニーズの的確な把握に努め、本社と連携した新規の用途提案に注力しています。また、現地での調達先についても日系のサプライヤーの現地への製造移管に合わせて開拓を進め、顧客への迅速な対応ができるように営業体制の構築に努めています。

　　　　添付資料6　当社事業方針に係るグループ戦略資料

5　国外関連取引の詳細

(1) 国外関連取引の概要

　　当社がA社と行う国外関連取引は、次のとおりです。

　　イ　A社に対し製品Xの中間財を輸出する取引

　　ロ　A社に対して行う営業支援等の役務提供取引

(2) 国外関連取引に係る契約関係

　　当社とA社の間の国外関連取引に関する契約は、添付資料8のとおりです。また各契約は5年毎に自動更新され、当事業年度（2018年3月期）に適用される各契約はすべて、2017年4月1日に更新されています。

(3) 国外関連取引の内容と取引価格の設定について

　　国外関連取引に係る価格設定に当たっては、A国での競合他社を含めた中間財のメーカー納入価格を基本としつつも、同国を含む地域での市

場価格の動向も考慮して、A社の果たす機能や負担するリスクに見合ったマージンを差し引いて決定しています。A社のマージン率の決定に当たっては、当社がA国を含む地域で子会社以外の第三者の販売代理店を通じて行っている取引があることから当該取引を参考にしています。

また、A社に対し製品Xの中間財を輸出する取引に付随して、A社に対して行う営業支援等の役務提供取引を行っていますが、当該取引に関しては、わが国の移転価格事務運営指針3－10(1)の取扱いに従って、当該営業支援に係る総費用（下記の算式）をA社から回収しています。

総費用の額＝【出張に係る旅費・交通費・滞在費、出張者の出張期間に対応する給与・賞与・退職給付費用、その他出張に要した費用等の直接費】＋【合理的な基準で配賦される間接費（担当部門及び補助部門の一般管理費等の合計額）】

(4) 各国外関連取引に係る損益

当社とA社との間の国外関連取引に関する取引金額及び損益は、添付資料9、10のとおりです。

また、各損益の円換算には、A社の2017年12月期の期中平均TTMレートを使用しており、この為替換算レートは連結財務諸表を作成する際に継続して用いています。

　　　　添付資料7　当社とA社の取引関係図（商流図）
　　　　添付資料8　当社とA社の間の契約書
　　　　　　　　　「取引基本契約書」、「業務委託契約書」
　　　　添付資料9　各国外関連取引に係る取引金額等の詳細
　　　　添付資料10　国外関連取引に係る当社及びA社の営業損益の推移表

6　国外関連取引に係る当社とA社の機能及びリスク

(1) 当社及びA社の果たす機能

　イ　原材料調達やサプライヤーの選定

原材料の調達先の選定、日本国内のメーカーとの連携等は主に当社が行っています。同地域での第三者からの調達の決定についてはA社が独自に判断して行っています。

ロ 品質管理

仕入れを行った法人が、適宜、品質管理を行っています。

ハ マーケティング

販売戦略については、当社及びA社がそれぞれ立案し、販売先との直接の価格交渉はA社が行っています。

ニ 既存顧客との関係の維持

既存顧客との関係の維持については当社及びA社が連携し行っていますが、国内の調達先との関係の維持には当社が主体的な役割を果たしています。

ホ 受注

A社が主体で行い、当社は技術的なサポートを行っています。

ヘ 物流

日本国内については当社、海外についてはA社が責任を負っています。

ト 在庫管理

顧客からの急な注文等に備え一部見込みで在庫を保有しており、当社及びA社ともに在庫を保管・管理しています。

チ 決済

代金の回収等については、国外関連者であるA社が行っています。

リ アフターサービス

基本的には当社の品質保証部の従業員が顧客からのクレーム対応及び品質保証を行っています（一義的にはA社が窓口対応を行い、情報を当社につないでいます。）。原因がメーカー等にあると考えられる場合には当社が費用負担を含め交渉を行っています。また、現地での調達に関するものについてA社が当社からの支援を受けながら対応していますが、当該対応に係る当社で発生する費用についてはA社が負担しています。

ヌ 一般管理業務

それぞれが自社の人事、会計、ITの運用等を行っています。

(2) 当社及びA社の負担するリスクについて

イ 市場リスク

当社及びA社ともに、顧客に販売する原材料の価格変動リスクを負担しています。
ロ　在庫リスク
　　当社及びA社ともに見込みで在庫を保有することから在庫リスクを負担しています。
ハ　信用リスク
　　間接的には、当社も信用リスクを負担しますが、直接的には、A社が顧客への売掛債権の貸し倒れ等のリスクを負担しています。
ニ　為替リスク
　　取引は米ドル建てで行われており、為替変動によるリスクは当社及びA社がそれぞれ負担しています。現地で調達した原材料等については、現地通貨建てで行われていることから為替リスクはありません。
ホ　配送リスク
　　日本国内の配送については当社、海外での配送についてはA社がリスクを負担しています。
ヘ　製品保証リスク
　　販売した原材料に係る品質保証リスクは、基本的には当社が負っていますが、原因がA社の過失等によると認められる場合に限って、A社が負担しています。

アドバイス　為替リスクの負担と負担割合の取決め

　為替リスクを誰が負担するか、あるいは負担割合をどうするかといった取決めの有無は、検証対象法人を国外関連者とした場合に、移転価格の分析を行う上で、同社の利益率等の増減に大きな影響を与えることから、よく検討しておく必要があります。企業によっては、機能の限定的な国外関連者の利益率が為替の影響により年度によって大きく変動することを避けるために、複雑な機能及びより多くのリスクを負担する親会社のほうで為替のリスクを負担するように事前に為替変動に伴う調整事項を定めているケースも見受けられます。

(3) 無形資産の形成への貢献

　　商標権等については、当社が保有しています。また、販売マーケティング等に係るノウハウ等の形成に当たっては、当社が日本市場や他の地域で長年にわたり培ってきた経験等が貢献しています。A社においては独自の販売に係るノウハウ（販売網、顧客リスク等）といったものは、現時点では認められません。

　　　　添付資料11　国外関連取引に係る当社及びA社の機能に関する整理表
　　　　添付資料12　国外関連取引に係る当社及びA社のリスクに関する整理表
　　　　添付資料13　国外関連取引において使用している無形資産に係る整理表

7　独立企業間価格の算定方法等

(1) 独立企業間価格の算定方法

　イ　選定された独立企業間価格の算定方法
　　(イ)　再販売価格基準法
　　(ロ)　検証対象：A社の原材料の仕入販売に係る損益
　　(ハ)　検証する利益水準指標：A社の売上総利益率

　ロ　上記の方法が最も適切である理由

　　独立企業間価格の算定に当たっては、措置法第66条の4第2項の規定により最も適切な方法を事案に応じて選定する必要があることから、措置法通達66の4(2)−1、同66の4(3)−1、同66の4(3)−3、事務運営指針4−1等に基づく検討を行い、その結果は以下のとおりです。

　　(イ)　両取引において、契約条件は同様であり、契約条件の差異は認められませんでした。
　　(ロ)　独立価格比準法及び独立価格比準法に準ずる方法を適用する上での内部比較対象取引の候補を見出すことはできませんでした。また、外部比較対象取引候補についても、公開情報から見出すことはできませんでした。

(ハ) A社は購入した中間財Xを第三者に再販売していることから、A社を検証対象の当事者とする再販売価格基準法及び取引単位営業利益法の適用が適合すると考えられます。

(ニ) 検証対象の当事者としては、当社あるいはA社が考えられますが、当該国外関連取引においてはより機能が単純であるA社を検証対象の当事者とすることがより適切であると判断しました。

(ホ) 比較対象取引として、同種ではないものの、A社の内部取引において比較可能な類似の非関連者間取引が存在したため、取引内容の同種性ないし類似性を検討した結果、検証対象企業の果たす機能及びリスクに関して比較可能性が高いと判断されました。

(ヘ) A社がA国内の第三者から仕入れて同地の化学品メーカーに販売する中間財Yは、中間財Xとは性状、構造及び機能において同種ではありませんが、類似性は高く、A社における売上規模や取引段階、販売機能（広告宣伝、販売促進、アフターサービス、包装、配達等）の面でもおおむね同様であると認められました。

(ト) このため、本事例では、A社が第三者から中間財Yを仕入れて再販売する取引を比較対象取引として、国外関連取引に係る棚卸資産の買手であるA社を検証対象当事者とする再販売価格基準法を最も適切な方法として選定し、独立企業間価格を算定することが妥当と認められます。

アドバイス 類似性と差異調整

以前は、わが国やOECD諸国では、基本三法（独立価格比準法、再販売価格基準法、原価基準法）優先で、まず、当該三法の適用の可否を検討した上で、これらの方法が適用できない場合に、その他の方法の適用が認められていました。現在は、上記のように、最も適切な方法を事案に応じて選定することが認められています。

ここで、類似性の程度について、どのように判断するのかといいますと、参考になるのがOECD移転価格ガイドラインの第2章の再販売価格基準法に関する2.24の記述です。ここでは、販売会社がトースターとミキサー

を扱っている事例を挙げています。二つの製品の市場価格は異なっていますが、当該製品を販売する活動については同様のコストをかけて行われていると認められることから、製品の差異の重要性は低いとされています。すなわち、果たされた特定の機能（コスト）の類似性が重要とされています。

今回挙げさせていただいた事例では、中間財Xと中間財Yに関しては、A社が同様の機能（使用した資産や引き受けたリスクを考慮して）を果たしていることから類似した水準の粗利が得られるべきであると判断しています。

また、再販売価格基準法の適用に当たっては、当事例では、検証対象取引と比較対象取引との間で差異がないものとしていますが、差異が認められる場合であっても、その差異が独立企業間価格の算定に影響を与えないと認められるときや差異について調整できる場合には比較可能性ありと認められます。従って、当該ポイントについても検討した結果を税務当局に説明できるように関係資料を事前に準備しておく必要があります。

(参考)

事務運営指針4－1（最も適切な方法の選定に関する検討）では、最も適切な方法の選定のための検討を行う場合には、措置法通達66の4(3)－3に掲げる諸要素等に基づいて国外関連取引の内容等を的確に把握し、措置法通達66の4(2)－1(1)から(4)までに掲げる点等を勘案して当該国外関連取引に係る比較対象取引の有無等を検討することに留意するとされています。

措置法通達66の4(2)－1（最も適切な算定方法の選定に当たって留意すべき事項）では、国外関連取引及び非関連者間取引）に係る66の4(3)－3に掲げる諸要素ならびに次に掲げる点を勘案することをいうのであるから留意することとされています。

(1) 独立企業間価格の算定における各算定方法の長所及び短所
(2) 国外関連取引の内容及び当該国外関連取引の当事者の果たす機能

等に対する独立企業間価格の算定方法の適合性
(3) 独立企業間価格の算定方法を適用するために必要な情報の入手可能性
(4) 国外関連取引と非関連者間取引との類似性の程度（差異調整等を行う必要がある場合には、当該差異調整等に係る信頼性を含む。）

<u>措置法通達66の4(3)－1</u>（比較対象取引の意義）においては、「比較対象取引」は、国外関連取引との類似性の程度が十分な非関連者取引をいうものとされており、例示として、再販売価格基準法の場合には、「国外関連取引に係る棚卸資産と同種又は類似の棚卸資産を、非関連者から購入した者が当該同種又は類似の棚卸資産を非関連者に対して販売した取引（当該取引と国外関連取引とにおいて売手の果たす機能その他に差異がある場合には、その差異により生じる措置法令第39条の12第6項に規定する割合の差につき必要な調整を加えることができるものに限る。）」とされています。

<u>措置法通達66の4(3)－2</u>（同種又は類似の棚卸資産の意義）では、国外関連取引に係る棚卸資産と性状、構造、機能等の面において同種または類似である棚卸資産をいう。ただし、これらの一部について差異がある場合であっても、その差異が独立企業間価格の算定に影響を与えないと認められるときは、「同種又は類似の棚卸資産」として取り扱うことができるとされています。

<u>措置法通達66の4(3)－3</u>（比較対象取引の選定に当たって検討すべき諸要素等）として、(1)棚卸資産の種類、役務の内容等、(2)売手または買手の果たす機能、(3)契約条件、(4)市場の状況、(5)売手または買手の事業戦略、(6)その他特殊状況、が規定されています。

(2) 比較対象取引の詳細
　　比較対象取引は、A社がA国に所在する非関連者から化学製品の中間財Yを仕入れて加工等加えることなく第三者である化学製品の製造会社

に再販売する取引です。

同取引では、A社ではメーカーへの納入価格から同社のマージン（20〜25％）を控除した金額を取引価格として設定しています。

(3) 選定された独立企業間価格の算定方法による当該国外関連取引の検証結果

添付資料14検証結果のとおり、比較対象取引に係る売上総利益率は○％となります。

A社の2017年12月期における中間財Xの売上総利益率は○％であり、上記の売上総利益率と同水準であることから、国外関連取引は独立企業間価格で行われたものと考えられます。

(4) その他

選定した算定方法を適用するに当たって、重要な前提条件となるような事業上または経済上の条件はありません。

添付資料14　検証結果

8　A社との国外関連取引に密接に関連する取引について

当社は、A国でのA社による販売に関して、営業支援等の役務提供を行っています。具体的には、当社の営業社員がA社の営業担当者に同行して顧客を訪問することが行われていますが、当該活動は当社にとっても最終顧客との信頼関係の維持が自社の売上の維持拡大の観点から重要であると考えていますが、その際に、当該役務提供によって、A社への販売マーケティング活動に係る重要な無形資産等の提供等は行われていません。

【添付資料7】

〇当社とA社の取引関係図

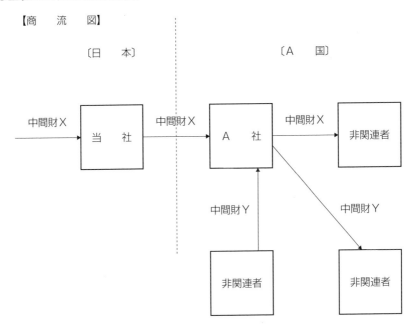

【添付資料11】

〇国外関連取引に係る当社及びA社の機能に関する整理表

活動区分	当社の機能		国外関連者の機能	
	部署(人員)	内容	部署(人員)	内容
製造	なし		なし	
調達	なし		なし	
販売・マーケティング	営業統括部	販売戦略の策定、マーケティング活動の企画立案、国外関連者の販売管理	営業部	顧客との協議、見込販売数量の算定、顧客のニーズ、クレーム対応
	海外営業部	物流業務		
商標	管理本部	知的財産の管理	なし	

第2節　ローカルファイル作成事例

【添付資料12】

○国外関連取引に係る当社及びA社のリスクに関する整理表

リスクの種類	リスクの内容	リスクの負担者	リスクが顕在化した場合の影響と対応
市場価格の変動	需要の減少に伴う売れ残り商品の値引き等の販売条件の悪化等により利益が獲得できないリスク	A社	価格高騰の程度によるが、現状当該事実は発生していない。
商品の在庫	棚卸資産を保有していることによる陳腐化、減耗、除却等の経済的損失を被るリスク	当社、A社	顧客からの急な引合いに対応するため、一定の在庫は保有しているが、需要動向に関する情報の収集に努め、できる限り在庫水準を抑えるようにしている。
信用	顧客が当該商品に関する支払いを期日までに行わず、対価を回収できないリスク	A社（顧客の与信管理）	信用不安の連鎖はあるが、当社では直接の販売先が国外関連者であるため、リスクは少ない。現在までのところ、大きく顕在化した事例はない。
為替変動	米ドルとA国通貨及び日本円との外国為替相場の変動に係るリスク（A社と当社の取引は米ドル建てであることから発生）	当社、A社	当社及びA社とも、ほとんどリスクヘッジを行っていることから、ほとんど影響はない。
製造物責任、製品保証	企業の商品が許容されたまたは宣伝された基準を満たすことができない場合の損失を補填するリスクや極端な例では使用者に身体的危害を及ぼすリスク	当社	

【添付資料13】

○国外関連取引において使用している無形資産に係る整理表

無形資産の区分	当社の無形資産	A社の無形資産
	内容・契約条件等	内容・契約条件等
製品に係るもの	該当なし	該当なし
製造に係るもの	該当なし	該当なし
商標権・意匠権	・商標登録（ロゴ含む）	該当なし
マーケティング	・販売ノウハウ ・販売網、顧客リスク	該当なし

事例③　寄与度利益分割法の適用事例

【事例のポイント】

　寄与度利益分割法は、親会社の国外関連取引に係る利益と国外関連者の利益を合算し、それぞれが、その利益に寄与したと認められる要因をもって合算営業利益を配分する方法です。

　国外関連者が所在する国に比較対象取引がなく、また、業種、エリアを拡げても比較対象法人を見つけ出すことができず、さらに公開データもほとんど存在しない、あるいは、現地の取引が、寡占状態にあるなど特殊な市場である場合に検討する手法です。

　この手法は、比較対象者を無理に抽出するのではなく、親会社と国外関連者の貢献度に応じて、それぞれの利益を算出するので企業経営者からも理解を得やすいといえます。

　ただ、この手法の適用に当たっては、国外関連者に重要な無形資産がないことが前提になります（後で説明しますが、国外関連者が重要な無形資産を持つ場合には、残余利益分割法の適用となります）。

　問題は、例えば製造業の場合、製造原価や販管費を分割要因としますが、工場従事者の人件費などが要素として大きくなり、どうしても現地の国外関連者に利益がつきやすいことです。

　このため、商品開発のための研究費、製造ノウハウなどの費用を合理的に算出し、親会社にとっての適正なファクターとすることが求められます。

　この手法を適用するに当たり当局にどう説明していくかは、比較対象取引が見出せない状況を前面に出し、論理的にまとめることが必要になるでしょう。

寄与度利益分割法の取引事例

目次

内容	頁
1　当社及びグループの概要	4
2　国外関連者の概要	6
3　市場等に関する分析	6
(1)　○国市場に関する分析	6
(2)　その他の分析	7
4　当社及びA社の事業方針等	7
(1)　当社の事業方針	7
(2)　A社の事業方針	7
5　国外関連取引の詳細	8
(1)　国外関連取引の概要	8
(2)　国外関連取引に係る契約関係	8
(3)　国外関連取引の内容と価格設定について	8
6　国外関連取引に係る当社とA社の機能及びリスク	9
(1)　当社について	9
(2)　A社について	10
7　独立企業間価格の算定方法	10
(1)　独立企業間価格の算定方法	10
(2)　計算方法	12

添付資料目次

内容	頁
1　当社及びグループの概要	－
添付資料1　グループの資本関係図	－
添付資料2　当社会社案内	－
添付資料3　当社組織図	－
2　国外関連者の概要	－
添付資料4　A社組織図	－
3　市場等に関する分析	－
添付資料5　市場分析レポート（業界紙）	－
4　当社及びA社の事業方針等	－
添付資料6　当社事業方針に係るグループ戦略資料	－

5	国外関連取引の詳細		—
	添付資料7	原材料供給契約	17
	添付資料8	部品供給契約	—
	添付資料9	「商標及び製造技術等の使用許諾並びにロイヤリティに関する契約」	—
	添付資料10	ロイヤリティ及びA社営業利益の推移表	—
6	国外関連取引に係る当社とA社の機能及びリスク		—
	添付資料11	国外関連取引図	17
	添付資料12	国外関連取引に係る当社及びA社の機能に関する整理表	18
	添付資料13	国外関連取引に係る当社及びA社のリスクに関する整理表	19
	添付資料14	国外関連取引において使用している無形資産に係る整理表	20
7	独立企業間価格の算定方法		—
	添付資料15	比較可能性検討資料	—
	添付資料16	製品販売契約書	—

1　当社及びグループの概要

　当社は、○年に創業者○によって設立された法人で、工場や倉庫内で使用する運搬機器の製造販売会社としてスタートしました。

　工場内での効率的な運搬を実施するため、載せる、運ぶ、揚げる等の一連の動きに多くの工夫を凝らし、手動式から自動式へと運搬機器を進化させてきました。

　現在では、最新のテクノロジーを用い、取り付け機能を付加しており通常の運搬機器とは、一線を画しています。独創的なシステム運搬機の性能は、パワー、機動性、耐久性、多用途性に優れ業界でも高く評価されています。

　海外からのニーズに応えるため、現地に生産工場を作り、売上高の海外に占める割合も増加しています。

　次の表のとおり、○社の製造・販売子会社を配置しており、2018年3月期におけるグループ全体の売上高は○○億円となっています。

地　域	製造会社	販売会社	売上高	従業員数
日本	当社	○社	○○億円	○○人
アジア	A社　○国		○○億円	○○人
北米	—	○社　○国	○○億円	○○人
欧州	—	○社　○国	○○億円	○○人

また、主要な製品及び当該製品に係る製造会社は次のとおりです。

区　分	主要製品	製造会社
システム運搬機	○○	当社　○国A社
多用途リフター	○○	当社

地域毎の概要は次のとおりです。

（日本）

日本においては、当社が製品の開発、製造、販売を行い、当社工場を通じて製造販売会社Aにも技術支援を行っています。

また、世界における市場分析と情報収集に努め、短期的な販売と長期的な戦略を推進しています。

（アジア）

アジアでは、もともと日本の現地進出メーカーに販売を展開していましたが、近年、アジア現地資本の新興勢力が、様々な分野において台頭しています。

このような環境下、A国現地工場のグレードアップを図り、新製品の供給体制の強化に努めています。

（北米）

北米では、○国の販売子会社○社を中心に当社製造製品の販売を行っています。

（欧州）

欧州では、○国の販売子会社○社を中心に当社製造製品の販売を行っています。

　　　　　＊添付資料1　グループの資本関係図
　　　　　＊添付資料2　当社会社案内
　　　　　＊添付資料3　当社組織図

2　国外関連者の概要

○国に所在するA社は、アジア向け製品の製造子会社として、当社が

100％出資して〇年に設立しました。

　2017年12月のA社売上高は〇〇億円で、従業員は〇〇人です。

　当初は、日本の親会社より部品を仕入れ、ノックダウン方式で製品を完成させていましたが、現在では、親会社から原材料を仕入れ、部品から製品の完成まで一貫体制が敷かれています（一部の部品を除く）。

　不具合の発生、新製品の立ち上げなど状況に応じ、当社より技術支援を行っています。

　今後も、A社では、技術水準の向上に力を入れ、製品のロス率低減など品質管理の徹底に取り組んでいきます。

　　　　　　　＊添付資料4　A社組織図

3　市場等に関する分析

(1) 〇国市場に関する分析

〈〇国を含むアジアの経済情勢の概況〉

　　2008年後半から世界経済危機の影響によりアジア地域でも売上は、大きく減少しましたが、北米や欧州が低迷する中、アジアは、いち早く世界経済危機前の水準まで回復しています。

　　その後の経済成長は目覚しく、生活水準の底上げ、耐久消費財の普及に後押しされ、消費はさらに増大し、インフラ投資も進んでいくものと思われます。

　①　〇国内における業界の動向

　　　経済成長に伴い、企業、工場の数も増大しており、中国に比べ人件費も低いことから、海外からの投資も増大しています。

　　　今後の産業界、工場の更なる近代化に対応し当グループも新しい提案を行っていきます。

　　　　　　＊添付資料5　市場分析レポート（業界紙）

(2) その他の分析

　　A国においてA社が受ける優遇税制を除き、許認可、政策等で国外関連取引の損益等に大きな影響を与えるものは特にありません。

（優遇税制）

① 優遇税制の具体的な内容
　　　　……
　　② 優遇税制を受けるための要件及び根拠法令
　　　　……
　　③ Ａ社が受けた各年度における租税の減免額等
　　　　……
　　④ 優遇税制の今後の見込み
　　　　……

4　当社及びＡ社の事業方針等

(1) 当社の事業方針

　市場の動向、顧客のニーズを的確に把握し、顧客との信頼関係をより強固なものにしていきます。

　技術革新の波を内側、外側から注視、分析し製品の能力向上に留まらず、イノベーションを意識した取り組みを行っていきます。

(2) Ａ社の事業方針

　顧客である現地工場との信頼関係をさらに強固なものにするため、アフターケアを中心に対話を深め、また、製品のクオリティの向上に努めていきます。

　　　＊添付資料6　当社事業方針に係るグループ戦略資料

5　国外関連取引の詳細

(1) 国外関連取引の概要

　当社がＡ社と行っている国外関連取引は、次のとおりです。

　① Ａ社に対し製品Ｘの原材料及び部品を輸出する取引
　② Ａ社に対する製造等無形資産の使用許諾
　③ Ａ社に対する技術指導やアドバイス等の役務提供取引

(2) 国外関連取引に係る契約関係

　当社とＡ社間の取引に係る契約は以下のとおりです。

「原材料供給契約」
「部品供給契約」
「製造技術等及び商標権の使用許諾契約」
　　　＊添付資料7　原材料供給契約
　　　＊添付資料8　部品供給契約
　　　＊添付資料9　商標及び製造技術等の使用許諾並びにロイヤリティに関する契約

(3) 国外関連取引の内容と価格設定について
　① 原材料及び部品取引
　　当社の原材料購入価格に○%のマークアップを行った価格
　　当社の部品製造原価に○%のマークアップを行った価格
　② 無形資産取引
　　当社とA社が締結する「製造技術等及び商標権の使用許諾契約」における対象無形資産は以下のとおりです。
　　・商標
　　　製品に関する商標権で、当社が所有するもの
　　（出願中のものを含む）
　　・特許
　　　製品に関する意匠権を含む特許権及び実用新案権で、当社が所有または第三者が当社に使用許諾しているもの
　　（出願中のものを含む）
　　・製造技術及びノウハウ
　　　製品の製造に係る技術的な情報やデータ等で当社所有のもの
　　これらの無形資産使用の対価については、A社が製造販売する製品売上高の○%をロイヤリティとして当社に支払う旨同契約書に規定されています。
　　　　＊添付資料10　ロイヤリティ及びA社営業利益の推移表
　③ 役務提供取引
　　当社は、上記「商標使用及び製造技術等の使用許諾契約」に基づき、必要に応じ技術担当者を派遣しています。この役務提供の対価として、

旅費交通費の実費に加えて1日当たり◯の日当が、A社から当社に支払われます。

6　国外関連取引に係る当社とA社の機能及びリスク
(1)　当社について
　①　機能
　　・技術開発
　　　　新製品の開発
　　　　製造技術の開発
　　・製造
　　　　新製品量産化のためのラインの構築
　　　　国外関連者への技術的支援
　　・調達
　　　　原材料の調達
　　・営業及び広告宣伝
　　　　世界の各市場から集めたデータを分析し、様々な角度から営業戦略を進めています。また、グループ全体のイメージアップ、製品のアピール、展示会等の企画立案を行っています。
　②　リスク
　　　当社は製品の研究開発、原材料等の価格変動、製造物責任、在庫、為替変動のリスクを負っています。

(2)　A社について
　①　機能
　　・製造
　　　　A社では、当社より原材料及び部品を仕入れ、当社製造技術を活用して製品を製造し、販売しています。
　　・営業及び広告宣伝
　　　　現地販売に関する情報収集、顧客のアフターケアを厚くして営業活動を行っています。また、当社の協力を得て、展示会等も実施しています。

② リスク

A社は、原材料価格等の変動、製造物責任、在庫、為替変動のリスクを負っています。

  ＊添付資料11　国外関連取引図
  ＊添付資料12　国外関連取引に係る当社及びA社の機能に関する整理表
  ＊添付資料13　国外関連取引に係る当社及びA社のリスクに関する整理表
  ＊添付資料14　国外関連取引において使用している無形資産に係る整理表

7　独立企業間価格の算定方法

(1)　独立企業間価格の算定方法
 ① 選定された独立企業間価格の算定方法
  寄与度利益分割法
 ② 上記の手法が最も適切である理由

A社が、取り扱っているシステム運搬機は、A国において機能的に類似品がなく、市場では寡占状態にあります。また、比較業種、対象エリアを拡げても公開データから財務データを入手し得る比較対象企業を見つけることができませんでした。そこで、独立企業間価格の算定方法として利益分割法の適用を検討しました。

利益分割法のうち、比較利益分割法については、国外関連者と類似の状況の下での非関連者間取引を行う企業の存在が認められませんでした。

残余利益分割法についても、A社に重要な無形資産が認められず検討対象から外れてしまうことになります。

そこで、寄与度利益分割法が、独立企業間価格の算定方法として最もふさわしい手法であると判断しました。

> **アドバイス** ─ 利益分割法
>
> 　利益分割法とは、国外関連者に係る法人と国外関連者の利益を合算し、それぞれがその利益に寄与したと認められる要因をもって、その合算の利益を（分割対象利益）を配分する方法です。利益分割法には、次の3つがあります。
>
> ・寄与度利益分割法（措置法通達66の4(5)-1）
> 　　分割対象利益をその利益の発生に寄与したと認められる要因（一つに限らない）でそれぞれに分割するもので、国外関連者に重要な無形資産が存在しないときに使用される方法です。
>
> ・比較利益分割法（措置法通達66の4(5)-2）
> 　　利益分割法の適用に当たり、国外関連者と類似の状況の下で非関連社間取引に係る非関連社間の利益の配分割合を用いて分割対象利益の配分を行う方法です。
>
> ・残余利益分割法（措置法通達66の4(5)-4）
> 　　法人及び国外関連者の双方が重要な無形資産を有する場合に、分割対象利益からまず法人及び国外関連者の双方に「重要な無形資産によらないで得られる通常の利益（基本利益）を配分し、残余の利益をそれぞれが有する重要な無形資産の価値に応じて、双方に分割する方法です。

(2) 計算方法

　当社とA社の合算営業利益を算出し、その利益の発生に寄与したと認められる要因で分割します。

　① A社における無形資産の有無

　　先にも触れましたように、寄与度利益分割法を適用するには、国外関連者が利益を生み出すための重要な無形資産が存在しないということが前提になります。

　　この点、A社は、当社の製造技術の許諾を得てロイヤリティを支払い製造活動を行っており独自の技術など重要な無形資産を有しておりません。

② 合算営業利益

当社の国外関連者であるＡ社との取引に係る営業利益（含ロイヤリティ）を算出し、Ａ社の営業利益と合算します。

③ 分割要因

利益の分割の計算に当たっては、売上原価及び販管費を分割要因とします。

ただし、単純仕入れだけでは、付加価値を生み出さないという考え方に基づき、売上原価のうち仕入額は、分割ファクターに含めません。

同様に、Ａ社が本社に支払うロイヤリティもＡ社の分割ファクターの計算に含めません。

当社の試験研究費については、他の販管費と同様Ａ社との取引に係る対応分を工数から切り出すなど合理的に算出し販管費（分割ファクター）に含めました。

④ 利益分割の計算（仮数値で表記する）

〈当社とＡ社の損益等〉

	当　社	Ａ　社
売上	750,000	7,650,000
売上原価	600,000	7,100,000
売上総利益	150,000	550,000
販管費	50,000	150,000
営業利益	100,000	400,000

当社営業利益100,000＋Ａ社営業利益400,000＝合算営業利益500,000

〈当社とＡ社の寄与度〉

	当　社	Ａ　社
売上原価から原材料及び部品仕入高を控除ファクターとしての売上原価	売上原価　600,000 原材料等△500,000 100,000	売上原価1,100,000 原材料等△900,000 200,000
販管費	50,000	150,000
合計	①　150,000	②　350,000
分割割合	③　①÷(①＋②) ＝30%	④　②÷(①＋②) ＝70%

〈帰属すべき利益〉
　当社　合算営業利益500,000×③30％＝150,000
　A社　合算営業利益500,000×④70％＝350,000

⑤　保証調整

　④によって算出された当社に帰属すべき利益150,000が独立企業間価格となりますが、当事業年度の実際値100,000とは、差額が生じており、当社の営業利益が50,000過少になっています。この差額についてはA社との間で補償調整を行い、帰属すべき営業利益と一致させます。

　＊通常、計算の結果、日本側親会社が営業利益過多になっていた場合、日本側からは、移転価格上の問題がないので補償調整は行わない。
　　＊添付資料15　比較可能性検討資料
　　＊添付資料16　製品販売契約書

アドバイス 分割ファクターの留意点

① 外注費

　単純仕入れだけでは、付加価値を生み出していないという考え方と同様に単純外注費も、自社で付加価値を生み出していない取引として分割ファクターの計算に含めない場合があります。仕入れを計上している外注先が製造過程の中に組み込まれている場合などが、想定されます。

② 試験研究費

　試験研究費は、製品を生み出す源泉でありファクターとしての価値は非常に大きいといえるでしょう。寄与度利益分割法の場合、当期の費用を対象とするため、本来、過去からの蓄積である開発費の一部分しか計算されていないという見方もあります。試験研究費の貢献度が十分反映されていないという懸念です。したがって、当該製品を生み出すための試験研究費の切り出しには、工数管理を厳密にし、ロイヤリティも合わせてロングスパンで見れば、カバーされていることを説明できるようにしておくとよいでしょう。

③ 物価水準

　日本と欧米では、それほど極端な物価水準の差はないでしょうが、例えば、東南アジアの一部の国とは、かなりの給与水準の開きがあります。寄与度利益分割法では、人件費のファクターとしての金額が大きいため、物価水準の調整を行わなければ、適正な分割計算ができないという考えがあります。国外関連者の所在地の給与水準が低ければ、日本の親会社に過度の営業利益が配分される可能性があるからです。中国の人件費が低かったときにはＯＥＣＤの統計で利用されている購買力平価説に基づく理論値レートを採用すべきではないかという意見もありました。

　実務では、市場で成立している為替レートで移転価格の計算をしていますが、寄与度利益分割法で、独立企業間価格を求める場合には、こういう問題も抱えていることを念頭においておくほうがよいでしょう。

【添付資料11】
〇国外関連取引図

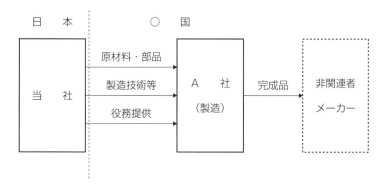

【添付資料12】
〇国外関連取引に係る当社及びA社の機能に関する整理表

活動区分	当社の機能		A社の機能	
	部署(人員)	内容	部署(人員)	内容
研究開発	研究開発部(〇名)	基礎・応用研究 製品開発 製造技術開発		
	製造管理部(〇名)	製造ライン設計 製品設計、仕様変更対応		
製造			〇工場(〇名)	当社製造技術を活用した製品の製造及び不良品対応
調達	製造管理部(〇名)	製造ライン設備に関するアドバイス	資材部(〇名)	当社からの原材料仕入
			購買部(〇名)	機械設備購入、改修
営業	営業本部(〇名)	グローバルな営業戦略の企画立案	営業部(〇名)	生産数見込作成 顧客ニーズ、クレームへの対応
	海外営業部(〇名)	価格政策、管理 各国マーケティング		
広告宣伝	広告宣伝部(〇名)	広告宣伝活動の企画立案		本社広告宣伝部と協力して現地での広告宣伝
商標	管理部(〇名)	知財の登録管理 争訟	営業部(〇名)	顧客の情報収集
	海外営業部(〇名)	偽ブランド情報収集		

【添付資料13】

〇国外関連取引に係る当社及びA社のリスクに関する整理表

リスクの種類	リスクの内容	リスクの負担者	影響と対応
研究開発	製品の陳腐化、顧客ニーズの変化	本社	顧客及び市場の情報収集
原材料価格の変動	原材料等原価の高騰を価格に転嫁できない	本社 A社	市場動向の把握
市場価格の変動	競争による販売条件の悪化 需要の悪化	本社 A社	市場動向の把握
製造ライン操業度	生産調整や休止による生産稼働率の低下	A社	生産ラインの調整
製品在庫	在庫保有による陳腐化や、減耗、除却等の損失	A社	在庫ロスの抑制
信用	対価回収リスク	A社	顧客情報の把握
製造物責任 製品保証	製品の使用による事故や顧客からのクレーム対応等に要する費用、風評被害	A社 本社	真摯な顧客対応
為替変動	為替差損の発生	A社	リスクヘッジ(為替予約)

【添付資料14】

○国外関連取引において使用している無形資産に係る整理表

無形資産の区分	当社の無形資産 内容・契約条件等	A社の無形資産 内容・契約条件等
製品に係るもの	・製品に係る研究開発成果 　特許、製造技術、ノウハウ等 ・製品仕様のノウハウ	―
製造に係るもの	・製造に係る特許、ノウハウ等 　製造方法特許、ノウハウ 　工場レイアウト 　機械使用ノウハウ 　従業員トレーニング	―
商標権 意匠権	・ブランド保有 ・商標登録(ロゴ含む)	―

事例④　海外製造子会社とのロイヤリティ取引事例

【事例のポイント】

　ローカルファイル作成において最大の眼目は、当該法人における国外関連取引が独立企業間価格により取引を行っており、移転価格上の問題は存在しないという点を客観的に説明することです。

　そのことを説明するには、税法上に定められた独立企業間価格算定手法のいずれかを活用して、企業の行っている国外関連取引が独立企業間価格により行われていると認められる状況を証明することとなります。

　現在の移転価格税制を取り巻く環境の中では、取引単位営業利益法（TNMM）による検証が、ここでいう独立企業間価格の証明に用いられる場合が多数を占めていると考えられます。国税庁発表の「平成27事務年度・相互協議処理事案の内訳」における独立企業間価格の算定方法内訳では、処理件数全体（152件）のうち57.4％の87件がTNMMによることとなっていることからも、およその推測がつきます。

　そういったところからも、独立企業間価格の証明には取引単位営業利益法（TNMM）が万能というような理解が一部には通用しているのかもしれません。

　確かに取引単位営業利益法（TNMM）は公開情報による合理的で客観的な算定プロセスを辿ることで、利害の対立する例えば相互協議における相手国当局との意見交換においても、お互いに共通の情報の中で議論し歩み寄りを構築しやすいなどの利点が数多く存在することは事実です。

　そのような利点が相互協議の場などで有効に機能しているところから、取引単位営業利益法（TNMM）が独立企業間価格の検証手法に多く用いられている理由の一つであると考えられます。

　ただ他方、LF作成の場において取引単位営業利益法（TNMM）を検証

手法として採用した場合に、必ずしも適切な検証が行えないケースの発生も想定されます。

　例えば、当該国に上場企業が非常に少なく適切な比較対象企業が把握できない場合や、そもそも検証すべき国外関連取引が非常にユニークな無形資産に係る取引である場合などにおいて非常識なロイヤリティ料率が導き出される場合など、公開情報による取引単位営業利益法（TNMM）で適切な解決が見出せないケースです。

　こういったことを前提に考え、実際のLF作成現場においての一つの解決方法は、従来の基本三法に則した独立企業間価格の検証であろうと思います。

　LFを作成する企業においては、丹念に取引実態を検証・分析する過程で、比較対象取引となり得る取引を見出すことが可能な場合があります。

　多国籍企業グループにおける国外関連取引価格（移転価格）の設定が、独立第三者との価格設定からのプロセスを経て決定されてきているという事例もいくつか確認されています。

　そういった事実に基づいて、こういったケースならば「独立企業間価格」として認められるのではないか、というチャレンジとして掲げてみたのが本事例です。

海外製造子会社とのロイヤリティ取引事例

目次

内容	頁
1　当社及びグループの概要	1
2　国外関連者の概要	2
3　市場等に関する分析	3
(1)　A国市場に関する分析	3
(2)　その他の分析	4
4　当社及びA社の事業方針等	4
(1)　当社の事業方針	4
(2)　A社の事業方針	4
5　国外関連取引の詳細	4
(1)　国外関連取引の概要	4
(2)　国外関連取引に係る契約関係	5
(3)　国外関連取引の内容と価格設定について	5
6　国外関連取引に係る当社とA社の機能及びリスク	6
(1)　当社について	6
(2)　A社について	7
(3)　無形資産の形成への貢献	8
7　独立企業間価格の算定方法	8
(1)　独立企業間価格の算定方法	8
(2)　比較対象取引の詳細	10

添付資料目次

内容	頁
1　当社及びグループの概要	―
添付資料1　グループの資本関係図	―
添付資料2　当社会社案内	―
添付資料3　当社組織図	―
2　国外関連者の概要	―
添付資料4　A社組織図	―
3　市場等に関する分析	―
添付資料5　市場分析レポート(業界紙)	―
4　当社及びA社の事業方針等	―

	添付資料6	当社事業方針に係るグループ戦略資料	―
5	国外関連取引の詳細		―
	添付資料7	当社とA社の国外関連取引図	11
	添付資料8	国外関連者出資関係図	12
	添付資料9	「製造技術等の使用許諾並びにロイヤリティに関する契約」	―
	添付資料10	ロイヤリティ及びA社営業利益の推移表	―
6	比較対象取引の詳細		―
	添付資料11	当社とB社の国外関連取引図	13
	添付資料12	比較対象者出資関係図	14
	添付資料13	「製造技術等の使用許諾並びにロイヤリティに関する契約」	―
	添付資料14	ロイヤリティ及びB社営業利益の推移表	―
7	国外関連取引及び比較対象取引に係る機能とリスク分析		―
	添付資料15	国外関連取引に係る当社及びA社の機能に関する整理表	15
	添付資料16	比較対象取引に係る当社及びB社の機能に関する整理表	16
〈使用している無形資産整理表〉			―
	添付資料17	国外関連取引において使用している無形資産に係る整理表	17
	添付資料18	比較対象取引において使用している無形資産に係る整理表	17

1　当社及びグループの概要

　当社は特殊な化学合成品の国産化に成功したことを契機に創業、〇年に日本で法人設立、長年にわたって培われたノウハウの蓄積を元に常にニーズの一歩先を行く特殊化学合成品の開発・製造を続けてきました。

　特定の化学合成品をはじめとする化学物質は私たちが生活していく上で欠くことのできないものですが、取り扱いを誤れば人体や環境に有害な影響を与えることがあります。地球環境を守り人々の安全と健康を確保していく上で、化学物質を取り扱うものの責任は非常に重いことを自覚し、環境に最大限の配慮を欠かさず新しいテクノロジーの世界に貢献する企業として躍進してきました。

　こうした中、飛躍的に需要が拡大している電子部品の分野において重要な原料物質である化学合成品が、今後需要の伸びが大きく期待できることを見越して、A国に化学合成品の製造工場建設を計画、現地法人として設立することとなりました。

A国においては原料の天然鉱石が豊富に産出するところから、現地での安価で良質な原料確保が可能となるところ、併せて現地の良好な労働力を活用した事業展開を行い良好な業績を継続しています。

　現在、海外展開としてはA国の製造会社に加えて、B国において合弁企業として同じく化学物質の製造工場を現地会社として設立し、稼働しています。

　その他の海外展開は現在のところ行っていません。

地　域	製造会社	出資関係	売上高	従業員数
日本	当社		○○億円	○○○人
A国	A社	当社100%子会社	○○億円	○○人
B国	B社	現地90%・当社10%	○○億円	○○人

　地域毎の概要は次のとおりです。

（日本）

　日本においては、当社が永年の研究・開発を行った結果得た製造技術により生産品を国内2か所の製造工場で製造、本社営業部を通じて国内・国外の顧客に販売しています。

　また、○○工場内に研究開発センターを設置して、製品開発、製造技術開発を行っています。

（A国）

　A国は広くアジア地域においても原料鉱脈が最も豊富に存在し、また良好な労働力を有する生産拠点として位置付けられます。

　製造子会社であるA社は現地で原材料を仕入れ、当社の製造ノウハウを活かして化学合成品を製造し、A国国内市場に供給しています。

（B国）

　アジア地域における電子機器製造に競争力を有する企業が所在し、その原材料品である化学合成品への需要が堅調であります。

　　　　　　　＊添付資料1～3（略）

2　国外関連者の概要

　A国に所在するA社は、A国国内企業向けの生産品製造子会社として、

当社が100％出資して○年に設立しました。

2017年12月期のA社売上高は○○億円で、従業員数は○○人です。

A社は、現地で特殊な化学合成品を製造するパイオニア企業として当社の製造技術を移管し設立したものです。

当社からの製造技術、安定生産ノウハウ等の提供を受けてスタートしていますが、その後○年間の間に現地社員スタッフの努力と創意工夫により、厳しい品質管理と新たな生産設備のもと、独自の生産体制を構築する中で安定した品質の生産品を供給しています。

＊添付資料4　A社組織図

3　市場等に関する分析

(1)　A国市場に関する分析

① A国の経済情勢の概況

A国は、近年目覚ましい経済発展を続けてきました。一時の成長に比較すれば経済成長の鈍化は否めない状況ながらも、2017年の国内総生産（GDP）も○％を記録するなど、まだその成長は続いています。

化学品は幅広い用途で利用されているため、各国の化学品市場の規模はおおむねその国の経済規模に対応しているといわれていますが、今後も一定の経済成長が見込まれるA国では、国内海外向け生産等への投資は増加する状況にあります。

今後は緩やかな経済成長のもと、内需型産業への投資やインフラ整備が進められていく中で、化学品市場も安定的な状況が継続するものと予想されます。

② A国国内における業界の動向

世界的な電子機器の普及拡大を受けて、電子部品製造において必要な化学合成品の需要も拡大が続いています。こういった状況の中で電気自動車の開発競争が現実のものとなり、特殊な化学合成品の需要が飛躍的に増大する現象が現れてきました。

A国現地においては競合メーカーが多数出現し廉価な生産品も現れる中、A社も市場動向に連動する価格競争に巻き込まれる状況にもあります。

しかしながらA社生産品は、その品質や安定した供給力から市場で一定の評価を得ており、市場動向に影響される中でも比較的好調な業績を続けています。

今後、さらなる需要拡大も予想される中、安定的な生産力を維持しつつ品質を重視した事業展開を図る方針です。

＊添付資料5　市場分析レポート（業界紙）

(2) その他の分析

A国における地理的に特有な事情、許認可、政策等で国外関連取引の損益等に大きな影響を与えるものは特にありません。

4　当社及びA社の事業方針等

(1) 当社の事業方針

特殊な化学合成品生産に成功して以来、当社は化学合成品生産を通し現代の産業社会に広く貢献しています。常に時代が必要とする一歩先を見つめ、新製品の開発と新技術の創造にたゆみない努力を続けています。

(2) A社の事業方針

引き続き、高品質な生産品を安定的に供給していくことを第一目標とします。

また現地生産体制についても常に改善を続け、生産効率性を強化していきます。

＊添付資料6　当社事業方針に係るグループ戦略資料

5　国外関連取引の詳細

(1) 国外関連取引の概要

当社がA社と行っている国外関連取引は、次のとおりです。

① A社に対する製造技術の使用許諾
② A社に対する技術指導やアドバイス及び従業員のトレーニング等の役務提供
③ A社から当社へのロイヤリティ支払い

　　　　＊添付資料7　当社とA社の国外取引図
　　　　＊添付資料8　国外関連者出資関係図

(2) 国外関連取引に係る契約関係
　　当社とA社間の取引に係る契約は別添資料のとおりで、この契約により、A社はロイヤリティの負担により当社の製造技術等を使用し、また当社からの技術指導を受けることができます。
　　　　＊添付資料9　「製造技術等の使用許諾並びにロイヤリティに関する契約」

(3) 国外関連取引の内容と価格設定について
　　各国外関連取引の内容とその価格設定については、以下に述べるとおりです。
　① A社に対する当社無形資産の使用許諾
　　当社がA社の使用を認める製造技術やノウハウ等の無形資産については、A社との間で「製造技術等の使用許諾並びにロイヤリティに関する契約」を締結しています。
　　同契約上の対象無形資産は以下のとおりです。
　　・特許
　　　　生産品製造技術に関する特許権で、当社が所有または第三者が当社に使用許諾しているもの
　　　（出願中のものを含む）
　　・製造技術及びノウハウ
　　　　生産品の製造に係る技術的な情報やデータ等で、法的な登録が無くとも当社が保有し有用性が認められるもの
　　　　これらの無形資産使用の対価については、A社が製造販売する生産品売上高の○％をロイヤリティとして四半期毎に当社に支払う旨同契約書に規定されており、2017年の1年間ではその金額は○億円となっています。
　② A社に対する技術指導等の役務提供取引
　　当社は、生産品の品質を維持し、A社生産の合理化をすすめるため、

上記「製造技術等の使用許諾並びにロイヤリティに関する契約」に基づき、A社工場の立上げ以来その工程の改善や製造技術の向上、ノウハウの定着等のため、適宜技術者を派遣し、問題分析、技術指導、従業員のトレーニング等の役務提供を行っています。

＊添付資料10　ロイヤリティ及びA社営業利益の推移表

6　国外関連取引に係る当社とA社の機能及びリスク

(1)　当社について

当社は当該生産品のみならず関連生産品の製造・販売を行い、生産品に対する深い知見と多様なデータを保有しています。

① 　機能

・研究開発

○○工場に設置されている研究開発部において研究開発業務を専担しており、ここで新製品開発や素材研究、低コスト化研究を行っております。

・広告宣伝

本社営業部においてグローバルな営業戦略の企画立案を行い、世界の各市場に向けた広告宣伝を推進しています。

② 　リスク

当社は製品の研究開発、為替変動のリスクを負っています。

(2)　A社について

① 　機能

A社では、原材料を仕入れ、当社製造技術を活用して生産品を製造して販売しています。

従って原材料仕入や従業員給与などの原価の管理、製造ロスの負担、在庫管理、納品管理、製造物責任等の一般的な製造機能を果たしています。

またA国市場における営業の面では、現地採用営業部員が中心となって積極的な営業活動を展開して、一般的な製造販売会社における販売機能を果たしています。

② リスク

A社が負担するリスクは、原材料価格等の変動、操業度の低下、製造ロスの増加、見込み生産品の長期在庫、製造責任、市場価格の変動等があります。

　　＊添付資料15　国外関連取引に係る当社及びA社の機能に関する整理表
　　＊添付資料16　比較対象取引に係る当社及びB社の機能に関する整理表

(3) 無形資産の形成への貢献

当社の製造技術は永年の研究・開発を行った結果得たものであり、この製造技術により生産品を国内2か所の製造工場で製造、本社営業部を通じて国内・国外の顧客に販売しています。

基本的な生産品の製造方法については既に広く一般に知られているところですが、製造ノウハウなどについては価値ある無形資産を形成していると認められます。

　　＊添付資料17　国外関連取引において使用している無形資産に係る整理表
　　＊添付資料18　比較対象取引において使用している無形資産に係る整理表

7　独立企業間価格の算定方法

(1) 独立企業間価格の算定方法

① 選定された独立企業間価格の算定方法
- 独立価格比準法に準ずる方法と同等の方法
- 検証対象はA社との間の「製造技術等の使用許諾並びにロイヤリティに関する契約」に基づくロイヤリティ取引
- 検証する指標はロイヤリティ料率

② 上記の手法が最も適切である理由
- A社における当社の「製造技術等の使用許諾並びにロイヤリティに関する契約」のみが当社とA社の間に存在している唯一の国外関連

取引であり、これを検証対象取引とすることが合理的と判断されました。
- A国内においてA社以外の非関連者に対して当社の「製造技術等の使用許諾並びにロイヤリティに関する契約」に基づくロイヤリティ取引は存在せず、比較可能な取引を把握できませんでした。

　しかしながら、B国内におけるB社（非関連者）に対して当社の「製造技術等の使用許諾並びにロイヤリティに関する契約」が存在し、これに基づくロイヤリティ取引が行われているところから、比較対象取引として適切かを検討しました。
- 独立価格比準法に準ずる方法は、比較対象取引と検討対象取引との間の非常に高い比較可能性が要求される独立価格比準法に対して、基本三法の考え方から乖離しない限りにおいて適用が認められる方法です。
- 比較対象取引としてB国に所在するB社との間の「製造技術等の使用許諾並びにロイヤリティに関する契約」に基づくロイヤリティ取引を選定しました。

　当該取引は、当社がB社に対して特殊な化学合成品を製造するための製造技術ならびに製造ノウハウの使用許諾をする対価として、B社から当社に対して○％のロイヤリティを支払うものです。
- 当社とB社との機能・リスクについては、当社とA社との機能・リスクの状況と全く同じです。また、取引規模についてはA社の売上規模とB社の売上規模の間に若干の格差が認められるものの、取引価格であるロイヤリティ料率に影響を与えるものとは認められません。
- 検証対象取引当事者であるA社の事業活動はA国内であり、比較対象取引当事者であるB社の事業活動はB国内であることから、市場の状況に差異が存在する可能性があります。

　しかしながら、当該両取引ともに特殊な化学合成品が対象となる製造販売事業であるところ、この化学合成品はA国及びB国を含めたアジア圏全体の市場で電子部品製造企業ないしは自動車用バッテリー製造企業へ供給されるところから、本件取引においてはA国

とB国の市場の状況は同様であり明確な差異は認められませんでした。
・以上のような検討の結果、独立価格比準法に準ずる方法と同等の方法を用いて、当社とA社との間の「製造技術等の使用許諾並びにロイヤリティに関する契約」に基づくロイヤリティ取引を検証することが適切と判断されました。
③ 選定された独立企業間価格算定手法による当該国外関連取引の検証結果
・比較対象取引における2017年12月期におけるロイヤリティ料率は売上高に対して○％です。
・検証対象取引における2017年12月期におけるA社の当社に対するロイヤリティ料率は売上高に対して○％であり、上記比較対象取引と同じ料率であることから、当該国外関連取引は独立企業間価格で行われたものと考えられます。

＊添付資料14　ロイヤリティ及びA社営業利益の推移表

(2) 比較対象取引の詳細
① 比較対象取引の選定
・検証すべき国外関連者A社と当社との間で締結されている「製造技術等の使用許諾並びにロイヤリティに関する契約」に対して、内容を同じくするB国内におけるB社（非関連者）に対する「製造技術等の使用許諾並びにロイヤリティに関する契約」が存在することから、比較対象取引として選定しました。
② 選定された比較対象取引等の明細
・当社はB国における生産品の品質を維持し、B社生産の合理化をすすめるため「製造技術等の使用許諾並びにロイヤリティに関する契約」に基づき、B社工場の立上げ以来その工程の改善や製造技術の向上、ノウハウの定着等のため、適宜技術者を派遣し、問題分析、技術指導、従業員のトレーニング等の役務提供を行っています。

＊添付資料11　当社とB社の国外関連取引図
＊添付資料12　比較対象者出資関係図

＊添付資料13 「製造技術等の使用許諾並びにロイヤリティに関する契約」
＊添付資料14 ロイヤリティ及びB社営業利益の推移表

【添付資料7】
〇当社とA社の国外関連取引図

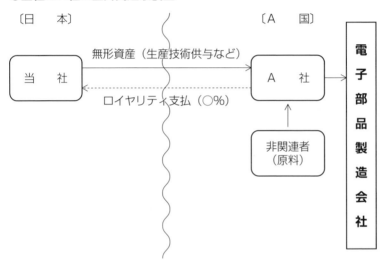

【添付資料8】
〇国外関連者出資関係図

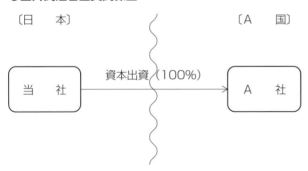

【添付資料11】

○比較対象取引図

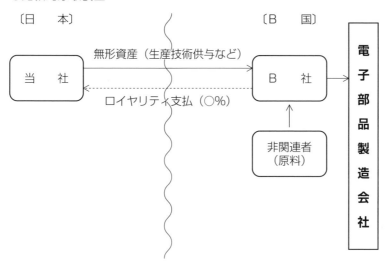

【添付資料12】

○比較対象者出資関係図

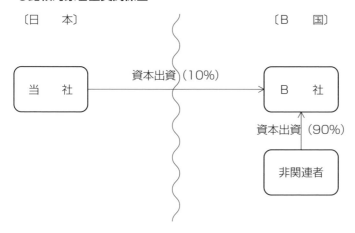

【添付資料15】

○国外関連取引に係る当社及びA社の機能に関する整理表

活動区分	当社の機能		A社の機能	
	部署(人員)	内容	部署(人員)	内容
製造			本社工場 (○名)	当社製造技術を活用した製品の製造
調達	機能材料課 (○名)	製造ライン設備に関するアドバイス	資材部 (○名)	現地非関連者からの原材料仕入
			購買部 (○名)	機械設備購入、改修
営業	営業本部 (○名)	グローバルな営業戦略の企画立案	営業部 (○名)	新規顧客開拓 生産数見込作成 顧客ニーズ、クレームへの対応
研究開発	開発部 (○名)	基礎・応用研究 製造技術開発 製造ライン設計・仕様変更対応		

【添付資料16】

○比較対象取引に係る当社及びB社の機能に関する整理表

活動区分	当社の機能		B社の機能	
	部署(人員)	内容	部署(人員)	内容
製造			本社工場 (○名)	当社製造技術を活用した製品の製造
調達	機能材料課 (○名)	製造ライン設備に関するアドバイス	資材部 (○名)	現地非関連者からの原材料仕入
			購買部 (○名)	機械設備購入、改修
営業	営業本部 (○名)	グローバルな営業戦略の企画立案	営業部 (○名)	新規顧客開拓 生産数見込作成 顧客ニーズ、クレームへの対応
研究開発	開発部 (○名)	基礎・応用研究 製造技術開発 製造ライン設計・仕様変更対応		

【添付資料17】

○国外関連取引において使用している無形資産に係る整理表

無形資産の区分	当社の無形資産	A社の無形資産
	内容・契約条件等	内容・契約条件等
製造に係るもの	・生産品製造に係る研究開発成果、特許、製造技術、ノウハウ等 ・工場レイアウト ・従業員トレーニング	

【添付資料18】

○比較対象取引において使用している無形資産に係る整理表

無形資産の区分	当社の無形資産	A社の無形資産
	内容・契約条件等	内容・契約条件等
製造に係るもの	・生産品製造に係る研究開発成果、特許、製造技術、ノウハウ等 ・工場レイアウト ・従業員トレーニング	

> **アドバイス** ロイヤリティ取引
>
> ロイヤリティ取引については、そもそもユニークな無形資産の使用対価であることからして、比較対象取引の存在は現実的には期待できないものとみるのが一般的です。
>
> しかし、本事例においては合弁企業である現地関係会社への技術供与を想定した取引を比較対象取引とすることで、当該取引が企業内部の取引であることから比較可能性の精密な検証が可能であるとしています。
>
> 基本的に全く同じ内容の技術供与であることは、当該企業自身が一番よく認識しており、取引内容の比較可能性については問題ないと考えられます。
>
> 課題としては、仕向国が違うことから市場の差異を懸念すると比較可能性が保てない点が一つの課題として浮かび上がります。しかし本事例ではアジ

ア圏にまたがる製造業市場の中で、市場差異は認められないという分析結果のもと、比較可能性が担保されているとして議論を組み立てています。

内部取引を比較対象取引として採用する場合には、外部公開情報によるコンパラ以上に取引内容を詳細に分析できるので、このような検討結果を導くことも十分に可能と考えています。

公開情報によるTNMM分析を行うと、場合によっては非現実的なロイヤリティ料率が導き出されることもあります。常に内部取引に比較可能な取引が存在するとは限らないのですが、できるだけ取引の実態に沿った比較対象取引を広範囲に探し出して、実情に合った独立企業間価格を算出しようとする姿勢は重要だと考えています。それは税務を離れて、取引の現場を預かり直接的に取引先と対峙している当事者の方にとっても重要なことであろうと考えています。

なお、事例のような独立企業間価格が認識できたとしても、多角的な分析を通じて所得移転の蓋然性を検証しようという立場からは、例えばTNMM的な検証を補完的に行う必要性が論じられるかもしれませんが、それは費用対効果を勘案する中で結論を導くことになるのではないでしょうか。

アドバイス ▶ 比較対象取引の適否

本事例におけるいま一つの懸念材料が、比較対象取引当事者であるB社に対する当社からの出資が10％あることです。事例として設定するなら、全く出資関係の無い比較対象取引当事者とする方法もありましたが、敢えて設定してみました。

当該取引当事者は出資関係があるものの、わが国移転価格税制上は国外関連者に該当せず、非関連取引になります。従って比較対象取引として採用しても、外形的には排除されるものではないでしょう。しかし、実際にそのような場合には、出資関係（10％）があるが故、当該取引当事者の獲得した利益の10％相当の配分可能性が残る中で、果たして当該取引が独立企業間の取引であるかという懸念が一般的には残るように考えられます。

また、当該取引の相手国の税制次第では、当該取引が国外関連取引に該当する場合も想定されることから、比較対象取引として適切とは言い難いという懸念も残ります。
　しかし他に適切な比較対象取引が見出せない場合、身近に存在する非関連者との取引であり、独立企業間取引としての実態があるか否かを詳細に検討してみる価値があると考えています。
　とりもなおさず当該取引を行っている当事者は当社であり、取引の内容、条件、取引成立、契約締結に至る経緯・背景に至るまで、詳細な状況を分析することが可能だと考えます。これらを検討した結果、独立企業間取引とするに値しない事実関係が認められなければ、比較対象取引としてもよいと考えます。このあたりは、取引の実態を詳細に検討できる環境にある「内部取引」の利点だと考えています。

グループ内貸付金利息

　子会社への資金貸付は、一般的な事業会社でもよく見られる取引です。

　金融会社は別にして、一般的な事業会社の国外関連取引で、この低金利の時代にその利払額が50億円を超え、ローカルファイルを準備するようなところは少ないと思います。しかしながら、棚卸取引でファイルを用意する場合に、貸付金もあるというところは結構多いのではないでしょうか。

　そうした場合のALP算定をどうすべきか…、金融会社なら内部に比較対象取引も多いことでしょうから特に問題はないだろうと思いますが、一般事業会社はそういうわけにもいかないでしょう。

　以下、一般的な事業会社における子会社貸金について述べます。

1. 移転価格事務運営指針3－7

　当局が公表している事務運営指針によれば、一般的な事業会社における貸付金利息については、以下のように記載されています。

（独立価格比準法に準ずる方法と同等の方法による金銭の貸借取引の検討）

3－7　法人及び国外関連者が共に業として金銭の貸付け又は出資を行っていない場合において、当該法人が当該国外関連者との間で行う金銭の貸付け又は借入れについて調査を行うときは、必要に応じ、次に掲げる利率を独立企業間の利率として用いる独立価格比準法に準ずる方法と同等の方法の適用について検討する。

(1)　国外関連取引の借手が、非関連者である銀行等から当該国外関連取引と通貨、貸借時期、貸借期間等が同様の状況の下で借り入れたとした場合に付されるであろう利率

(2)　国外関連取引の貸手が、非関連者である銀行等から当該国外関連取引と通貨、貸借時期、貸借期間等が同様の状況の下で借り入れたとした場合に付されるであろう利率

(3)　国外関連取引に係る資金を、当該国外関連取引と通貨、取引時期、期間等が同様の状況の下で国債等により運用するとした場合に得ら

れるであろう利率
(注)
1 (1)、(2)及び(3)に掲げる利率を用いる方法の順に、独立企業原則に即した結果が得られることに留意する。
2 (2)に掲げる利率を用いる場合においては、国外関連取引の貸手における銀行等からの実際の借入れが、(2)の同様の状況の下での借入れに該当するときは、当該国外関連取引とひも付き関係にあるかどうかを問わないことに留意する。

① **借手が現地で借りるとした場合の銀行利息を採用する**

現地の銀行で利率を訊ねることになります。これは子会社が単独で借入れする場合の利率です。相当規模の子会社ならともかく、そうでなければ親会社の保証や担保を入れた上でないと貸付けが実現しない場合も多いと思いますが、親会社保証での借入利息は下記②の貸手調達金利となります。

② **貸手（親会社等）の調達利息**

一般的な事業会社である親会社にとっても分かりやすい方法ですが、要は損までして貸し付けることは通常取引ではないだろうという意味合いでしょう。

③ **国債等の利率**

文面には明示されていませんが、資金が潤沢で、借入れがない企業の場合には、危険のない投資相当分の回収はしなさいという意味になります。

通常、国債にはその国内に存する私企業以上の高い格付があり、利息も低く設定されています（歴史的にはわが国とＴ自動車の格付が逆転したこともありましたが…）。

一般事業会社が外部から資金借入れを行って国債に投資すれば、通常赤字取引となるでしょう。赤字を出してまで行う子会社貸付けは、危機回避的な資金融通等なら考えられますが、おおよそ正常な一般的取引とは認められないでしょう。外部借入れのある企業がこうした利率を設定して子会社に貸付けを行うことは適切ではないでしょう。

①～③については、「通貨、貸借時期、貸借期間等が同様の状況」となっていますが、こうした要素で金利が変わることは十分承知しておられることと思います。

　また、指針注書には、上記①→③の順番で正確性が落ちる旨、付記されています。

　この指針は、次に述べる裁決を受け、目安として公表されたもので、保証料等との整合性が取れておらず、必ずしも金融市場を適切に表現したものになっていませんが、公表された以上（また改訂されていない以上）、これに従った処理は国内で課税処分を受けることはないと考えられます。

2．保証料裁決の影響 （平成14年5月24日裁決）

　本件は、平成3年～平成7年当時、事業会社がその海外金融子会社を通じて外債発行により資金を調達した際の親会社保証料の独立企業間価格や保証取引の範囲が争われた事案です。本事案は国税不服審判所のHPで公表されていますので、詳しくはそちらを参照していただきたいと思います。

　この事案で、被告（課税当局）は、海外金融市場において金融機関は信用格付け毎にそのデフォルト確率を算定し、これをカバーするための金利を設定していると主張しました（デフォルト・コスト・グリッド）。すなわち信用度が高くなるほど金利スプレッドが下がる、安い金利で調達できるということです。事実、当時のドル市場やユーロ市場で発行されていた利付債権を見ると、その信用格付に従い、高格付の債権に対しては低い金利が賦され、低格付の債権に対しては高い金利が賦されており、明確に金利の差が付けられていました。

　そして高い信用格付を有する親会社が、例えば信用格付のない子会社を保証した場合には、金融機関のリスクは親会社に対する貸付けと看做されますので、信用格付のないような企業に対する（貸付拒否の場合もあり得ますが）高金利での貸付けではなく、親会社の信用格付に応じた低金利での貸付けとなります。この金利の差は、親会社が信用リスクを負担した結果生じた経済的な利益であり、親会社が収受すべき保証料となります。

　例えば、親会社の調達金利はLibor+50bp、子会社の調達金利はLibor+200bp

だとした場合、親会社保証で子会社が調達する金利はLibor+50bpとなりますので、差額150bpは保証料であるということになります。これは、親会社がLibor+50bpで資金を調達し、子会社の一般的な調達金利であるLibor+200bpで子会社に貸し付けた場合の利鞘と同じことになります。

こうした金利スプレッドの扱いは、都市銀行や総合商社等、国際金融市場参加者の起債等で通常見られたものでしたし、内部的にそうした保証料規定を導入した企業もありました。また、こうした分野の税務調査を行っていた者にとっては当然のことと思われていました。

一方、円市場ではこのような金利決定方法は主流ではありませんでした。当時、個々の企業に対する貸付は、「過年度からのつきあいの程度」、「メインバンクとしての矜持」など含めた総合的な判断で決められていたのが実情と思われます。利付債券の金利を見てもドルやユーロのような信用格付との密接な連動は伺えませんでした。保証料を客観的に算定することも困難でした。これは本邦と海外での企業倒産頻度の相違や、その他諸政策等による金融市場の差異でもあったのだろうと思います。

当時、某社では、数百億円の海外起債をAAAの格付により低コストで調達し、国内の大口定期預金にするだけで巨額の利鞘を稼ぎだしていました。市場間にこうしたギャップが存在したわけです。

さて、不服審査においては、当局主張の上記のような金利スプレッドについて、一つには課税当局が証拠を提出しなかった、一つには審判所の調査によってはこうした金利決定方法は認められなかった、として否定されました。そして保証料については、審判所が調査した先では10bpであったので、これが独立企業間価格であると裁決されました。

審査時の証拠提出等についての委細は公表されておらず、分かりません。自分の知見に基づいていえば、このような金利スプレッドの扱いなどは、各企業の調査を繰り返す中、その内部資料等から得たものであり、個々の調査資料には守秘義務がありますから、おいそれとは提出できなかったのではないかと想像します。

この裁決には正直驚きましたが、当時金利スプレッドにあまり敏感でない市場参加者が存在したとするなら、それもその時点では独立企業間価格なの

だろうと思います。不服審査には裁判のような三審性はありませんので、この事案はこれで終了となりました。

「失われた10年」、メガバンク統合、リーマンショック等その後様々なことがありました。事案の当時とは国内金融市場も大きく変化していることと思いますので、全く同じ裁決はもう出ないだろうと想像する次第です。

3．ローカルファイルへの記載

上記裁決の後、金融業でない親子間貸付けの目安として前示した指針3－7が公表されました。

国内的には事務運営指針に従ってLFに記載すればよいことになります。

すなわち現地で実現可能な借手金利、これが分からなければ親会社調達金利、無借金経営であるなら国債等運用金利という順です。

ただ、この指針には、親会社保証で借入れが実現できた場合の保証料の規定がありません。金銭消費貸借契約と保証契約は各々別の取引であり、保証料の支払いは当然と思われます。金利スプレッドの差額を収受すればよいと思うのですが、一度は否定された金融構造であり、何かあった場合には立証責任が生じます。審判所流でいくなら、金融機関や保証機関に聞いて独立価格比準法的に決めざるを得ないと思います。

与信コストからみれば、調達金利での転貸がOKであるなら、保証料はゼロでよいということになると思いますが、法形式上は別に扱うということになるのでしょうか。公表から10年以上経過しましたが、明確にはされていません。

さて、この指針はわが国当局の扱いを示しているだけであり、子会社を管轄する外国課税当局も同様に認めていることではありません。現地側に対する別途の説明が必要です。

現地銀行に聞いて金利を決定しているなら、その旨を記載し、メールコピー等を添付しておけばよいでしょう。ALP算定手法は独立価格比準法に準ずる方法と同等の方法となります。

親会社調達資金の転貸である場合には、親会社がマークアップなしに転貸していることを明らかにしておきましょう。ALP算定手法は原価基準法に

準ずる方法と同等の方法となります。また、大抵の場合、こうした転貸利率は現地の一般的な利率よりも低いと思われますので、参考にそうした利率を掲載しておくとよいでしょう。現地側有利の心証となるでしょう。

転貸と同様の算定手法となりますが、国債等の利率転用なら、元の金融商品等の説明をつけると共に、現地一般金利指標と比較しておけば現地側有利の心証は一層強いことでしょう。

要するに、現地サイドは不利な金利を支払っているわけではないことを明確にしておけばよいということです。

現状、信用供与取引に関する取扱いはそれほど詳しくは公表されていません。

金融機関でない一般事業会社が、直物や先物の金融市場を詳細に把握し、与信のコストを算定したり、先物価格を的確に評価したりすることは無理です。簡単な指標があるに越したことはありません。

今後、金融機関のファイル等の分析を通じ、当局が明快な指標を示してくださることを切望します。

第5章

マスターファイル(MF)の作成事例を学ぶ

第1節 マスターファイルの提出基準は一定ではない

　本文に記載のように、わが国の法令でマスターファイル（Master File：MF）の提出が必要になるのは、連結売上高1,000億円以上の多国籍企業グループです。

　しかしながら、各国、特に新興国の規定では遥かに少額の基準でMFの提出を求められる場合があります。何分にもMFはグループの全世界展開についてその概観を記載するものであり、これを現地子会社に任せるのは無理があります。

　親会社でMFを用意する場合、わが国の「事業概況報告事項」（MF）はOECDルールに則っており、このガイドラインに従って作成すれば問題ないでしょう。

第2節 マスターファイルの記載事項

　MFの記載事項は以下のようになります（措置法規則22条の10の5第1項）。
① 　構成会社の名称、所在地、出資・取引等関連図
② 　事業概況
　　イ　構成会社各社の売上、収入の源泉
　　ロ　グループ内主要5種商品のサプライ・チェーン及び市場の概要
　　ハ　売上比5％を超えるセグメント商品のサプライ・チェーン及び市場の概要
　　ニ　役務提供（除：研究開発）の取決めの一覧と概要（含：対価設定方針）
　　ホ　構成各社が担う付加価値創出に係る機能とリスク
　　ヘ　重要な組織変更（合併、分割、事業譲渡）
③ 　無形資産開発に関する包括的戦略及び拠点
④ 　取引に使用される重要な無形資産の一覧
⑤ 　無形資産研究開発に係るCCA（費用分担契約・CCA：Cost Contribution Arrangements）の取決め一覧
⑥ 　無形資産開発及び関連取引の対価設定方針
⑦ 　重要な無形資産の移転に関する概要
⑧ 　資金調達の概要
⑨ 　中心的な金融機能を果たすものの名称、拠点
⑩ 　資金貸借に係る対価設定方針

⑪　連結財務諸表の損益、財産

⑫　ユニ APA の状況

⑬　参考事項

これらを大別すると、事業概況、機能とリスク、無形資産の扱い、グループ内金融、ユニラテラルな事前確認ということになります。

事業概況報告事項（MF）

1　構成会社の名称、所在地、取引等関連図

① 法人一覧表

当社の国外関連者は次の表のとおりです。

法人名	所在地	機　能	設立年	売　上
○○㈱	日本	製造、販売、開発	1920	¥ …
○○股份有限公司	台湾	販売	1990	NT$ …
○○（香港）有限公司	香港	販売	1990	HK$ …
○○電器有限公司	中国	製造	1990	RMB …
○○（上海）有限公司	中国	販売	2000	RMB …
○○ Corporation of U.S.A.	米国	販売	2000	$ …
○○ Vietnam Co., Ltd.	ベトナム	製造	2010	VND …

② 取引等関連図

当社グループの出資関係は別紙 1 のとおりです。

また、棚卸取引等に係るフローは別紙 2 のとおりとなっています。

2　事業概況

当社は 1920 年、○○製作所として○○の製造を開始し、以来○○、○○等へと製品の幅を広げ、○○用品、生活用品の総合メーカーとして業務を展開してまいりました。

今日、国内には○社の関連会社を置き、海外ではアジアを中心として 2 つの生産拠点、4 つの販売子会社を設置するとともに、各国代理店を通じて製品をグローバルに展開しております。

本社の組織・機構については別紙をご覧ください。（省略）
今期、売上は○○○億円、従業員数は○○○人です。

イ　構成会社　売上・業態一覧

　　上記一覧のとおり、アジアを中心に２つの海外生産拠点、４つの販売拠点を展開しています。

ロ　主要製品サプライ・チェーン

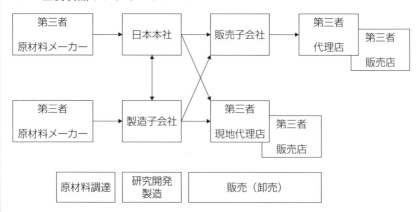

　主要製品は、○○、○×、××等に分類できますが、サプライ・チェーンはほぼ同じです。

【原材料調達】

　基本的に各製造拠点が調達先を選定し、生産計画に基づき発注していますが、IH等特殊な部品に関しては本社が一括して調達し、製造子会社に供給しています。

【研究開発】

　製品開発、技術開発については本社が実施しています。また、商標等の無形資産管理も本社で実施しています。

【製造】

　日本本社工場、海外製造子会社で製品の製造を実施していますが、子会社の製造工程においては、本社で培われた技術を活用しております。

　また、高級機に使用される重要部品については、本社が製造し、必要な場合は子会社に供給しております。

　海外製造拠点の製品の多くは日本本社が購入しますが、海外製造拠点

から海外販売子会社もしくは各国代理店に直接製品を卸した場合、商標や製造技術の貸与の対価としてロイヤリティを本社に支払っています。

【販売】

日本と海外製造2拠点から、海外販売子会社ならびに各国代理店に製品を販売しておりますが、海外製造拠点から第三者代理店への直接の販売は僅少でした。

海外販売子会社は、地域の総代理店として、現地の二次代理店、販売店の開拓を行い、業務を展開しております。

ハ　市場の状況について

当社製品の海外売上は、北米や欧州、中東に及びますが、特に近年市場が急拡大した中国を中心として、アジア圏がメインとなっております。

こうした市場においては、当社製品は高級品であり、富裕層をターゲットとする営業展開となります。反面、当社ブランドの浸透が進んでいない地域では、廉価製品との競合が非常に厳しい状況です。

主要製品の地域別売上状況については別紙3を参照してください。

ニ　役務提供取決めの概要及び対価設定方針

生産拠点との間では、本社からの技術支援・指導のため、技術支援サービス協定を結んでいます。

対価については、派遣される技術者の人件費等コスト実費をもって算定しております。

契約書は別紙をご覧ください。（省略）

ホ　各構成者が担うリスクと機能

各構成者が担う機能とリスクは別紙4及び5のとおりで、製造子会社は機能とリスクを親会社に依存する部分が大きく、コントラクト・マニュファクチュア的な面が強いですが、販売子会社は、一般的な販売会社としての機能を果たし、リスクを負担しています。

無形資産や生産技術の開発や管理については、偏に本社がアントレプレナーとしてその機能・リスクを負担しています。

ヘ　重要な組織変更

今期中に特掲すべき重要な組織変更はありませんでした。

3 無形資産開発に関する包括的戦略及び拠点

ブランド、生産技術等無形資産の開発は、本社で実施しています。

特に開発部門（商品開発 T）、管理部門（知財 T）がその役割を果たしています。

4 取引に使用される重要な無形資産の一覧

商標・意匠権については別紙のとおりです。（省略）

その他に個別に掲載しづらいですが、製造のノウハウ等が存在します。

5 CCA の取決め一覧

CCA は実施していません。

6 無形資産開発及び関連取引の対価設定方針

無形資産の開発に関しては、本社が単独で実施しています。

当社の保有する無形資産のうち、登録商標、意匠権、製造技術等については、製造子会社に使用を許諾しており、製造子会社が製品を製造し、本社以外の関連者経由もしくは直接に第三者に販売する場合、製造子会社からロイヤリティを徴しています。

ロイヤリティのレートについては、7% としています。

7 重要な無形資産の移転に関する概要

当期において重要な無形資産の移転はありません。

8 資金調達の概要

ベトナム製造子会社には、本社からの US$ 建て貸金があります。20○○年 12 月 31 日での残高は $…です。

また、ベトナム製造子会社には、本社保証での銀行融資があり、20○○年 12 月 31 日の残高は VND…百万です。

9 中心的な金融機能を果たすもの

当社グループ内には専門的な金融子会社はなく、親会社である当社が主た

る金融機能を果たしています。

10 資金貸借に係る対価設定方針

　基本的には当社調達利率で子会社に転貸しております（移転価格事務運営指針3-7）。

　その場合、金利は当社の調達利率としており、スプレッドは乗せていません。

　また、親会社保証での銀行貸付がありますが、転貸利率と同じ考え方から保証料は徴していません。

　なお、現地の金利指標は別紙（省略）のとおりで、子会社にとって有利な金利となっています。

11 連結財務諸表の損益、財産

　当社では連結財務諸表の作成はしておりません。

12 独立企業間価格に関する事前確認等の有無

　当社グループにおいては、ALP算定に関する事前確認、その他のルーリングはありません。

(別紙１)

【出資関係図】

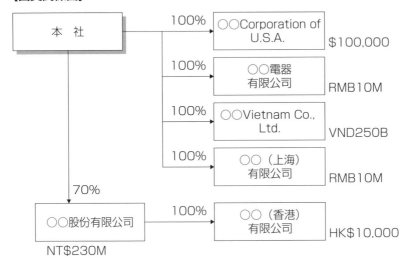

(別紙２)

【取引概要図】

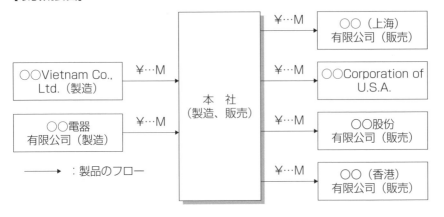

(別紙3)
【主要製品の海外売上状況】

製品名	海外売上高 (百万円)	海外売上に占める割合	地域毎売上比			
			アジア	北米	欧州	オセアニア
製品 A	○○○	50.00%	70.00%	25.00%	3.00%	2.00%
製品 B	○○○	25.00%	90.00%	5.00%	3.00%	2.00%
製品 C	○○	12.50%	80.00%	10.00%	7.00%	3.00%
製品 D	○○	6.25%	75.00%	10.00%	12.00%	3.00%

(別紙4)
【構成会社の機能】

活動区分	本社	製造子会社	販売子会社
製造	○ ・すべての製造機能 ・子会社への技術支援	○ ・本社製造技術による製造 ・不良品対応	
調達	○ ・すべての調達機能 ・高機能材料の確保 ・設備導入等に関するアドバイス	△ ・原材料の現地調達 ・原材料のコスト削減 ・機械設備購入・改修 ・高機能材料、設備は本社に依存	
営業	○ ・グローバルな営業戦略の企画立案 ・価格政策と管理 ・各国マーケティング	△ ・親会社生産計画に従う ・自己リスクでの販売ほとんどなし	○ ・現地取引先の開拓 ・販売見込み作成 ・顧客ニーズ、クレームへの対応
広告宣伝	○ ・グローバルな広告宣伝の企画立案		△ ・現地での宣伝 ・本社広告戦略へ協力
研究開発	○ ・基礎・応用研究 ・製品開発 ・製造技術開発 ・製造ライン設計 ・製品設計・仕様変更		
商標	○ ・商標・意匠の登録 ・知的財産登録・管理 ・争訟		

(別紙5)
【構成会社の負担するリスク】

リスクの種類	リスクの内容	リスクの負担者（対応のための機能）			影響と対応
		本社	製造子会社	販売子会社	
研究開発	製品の陳腐化、顧客ニーズの変化、新機種導入タイミング等の要因により、研究開発費の回収ができない	○ 顧客ニーズ、市場に係る情報収集			直接的には研究開発費だが、結果的には全グループの売上にダメージを受ける
原材料価格の変動	原材料等原価の高騰を価格に転嫁できない	○ コスト削減のための研究開発	△ 仕入先の多角化安定化		価格高騰の幅による現状、子会社仕入予定価格に基づき買上額設定
市場価格の変動	競争激化による販売条件の悪化、需要の悪化により利益が確保できないあるいは費用回収ができない	○ ブランドと差別化	○ コストダウン、ライン整理	○ バーゲンでの整理	機能性、信頼性等で廉売製品とは差別化
製造ライン操業度	生産稼働率の低下、生産調整や休止により、製造に係る利益が獲得できない	○ ・適切な生産計画の立案 ・新商品の開発	○ ・適切な生産予測の立案		操業度の低下の程度、期間の長短で影響額は変わる
製品在庫	在庫保有による陳腐化や、減耗・除却等の損失	○ ・適切な生産計画の立案	△ ・適切な生産予測の立案 ・確定注文での生産	○ ・市場動向の把握	顧客の納期要求に応じるため一定の在庫を保有するが、市場情報の収集に努め、在庫ロスを抑える
信用	対価回収のリスク	○ ・グループ全体の与信管理	△ ・関連者間の取引のためリスク低い	○ ・取引先の与信管理	信用不安の連鎖グループ信用の維持
製造物責任製品保証	製品の使用による事故や顧客からのクレーム対応等に要する費用、風評被害	○ ・基本設計等の研究開発 ・適切な技術指導	○ ・製造技術の向上	△ ・風評被害	直接人命にかかわりにくい製品であるが、誤使用による火傷や風評被害はあり得る
為替変動	通貨が異なることによる為替差損の発生	○ ・為替のマリー等	○ ・為替のマリー等	○ ・為替のマリー等	共通$建決済であり、現地通貨との差異は生じる

第6章

重要な無形資産の認定

（本稿は税務研究会「月刊国際税務」2014年4月号掲載の著者（大沢）の記事を転載し、一部本書の文体及び表記に合わせ、内容を見直して収録したものです。）

第1節 移転価格分析における重要な無形資産の認定の重要性

　重要な無形資産の認定は、移転価格分析の実務上枢要な役割を果たしています。

　重要な無形資産とは、①技術やノウハウのような営業の遂行に用いられる情報や、②商品または役務への信用を化体する商標等の無形資産の中でも、内国法人または国外関連者が同種事業を営む企業と比較して特に高い利益を得ていると見られる場合における利益の源泉と評価できるものを意味します。

　そして個別の事案で、重要な無形資産の認定の如何は、独立企業間価格の算定方法の選択及び適用のいずれをも左右するものです。

1　算定方法の選択における重要性

　内国法人が重要な無形資産を保持している場合には、当該内国法人が第三者との間で問題の国外関連取引と同種の資産と同様の状況の下で取引を行っている場合（いわゆる内部コンパラ）等を除き、取引の対価に着目する方法（基本三法）によることは困難であると解されています。

　なぜなら、重要な無形資産は個性が強く、その価値も様々であることから、重要な無形資産が関わる国外関連取引と同種の資産と同様の状況の下での取引を見出すことは容易でないからです。

　重要な無形資産の存在により基本三法（及びこれに準ずる、またはこれと同等の方法）の適用が困難であるならば、取引当事者が獲得する利益率または利益額に着目する、取引単位営業利益法（TNMM）及び利益分割法

の適用が視野に入るところ、実務上の適用例が多い TNMM に準ずる方法では、利益の検証対象たる内国法人または国外関連者が重要な無形資産を有しないことが適用の前提条件とされています。

2　算定方法の適用における重要性

　上述の TNMM に準ずる方法の適用に当たり、検証対象たる内国法人または国外関連者の比較対象企業を選定するに当たっては、比較対象企業が重要な無形資産を有することが無いよう、選定基準を設定する必要があります。

　そして、利益分割法の中でも残余利益等分割法（RPSM）では、重要な無形資産の認定如何が残余利益の分割指標の選定と密接に関わっています。

　上述のところに加えて、移転価格課税が問題となり、また、事前確認の申請を行う企業は、競合他社と比較して多額の収益を上げており、当該企業または国外関連者が重要な無形資産を有することが想定される例が多く見られます。

3　無形資産に関する議論の規範化の流れ

　このような事情により、重要な無形資産の取扱いは、近時における移転価格分析の実務上、最も重要な論点の一つと見なされており、活発な議論が行われてきました。

　実際、国税庁が公開する移転価格事務運営要領（以下、「事務運営要領」という）及び別冊事例集では、重要な無形資産が関わる各種事例での独立企業間価格の算定に相当の言及がなされています（事務運営要領 2 - 11 から 2 - 13、別冊事例集事例 10 から 15）。また、2012 年 6 月に公表され、2013 年 7 月にその改訂版が公表された OECD ガイドラインの無形資産

に係る章の改訂案（以下、「OECD改訂案」という）は、従前の無形資産に関する議論の集積をガイドラインに反映する試みといえます。

第2節 無形資産の認定に関する議論の乏しさと本稿の意義

1 無形資産の認定に関する議論の乏しさ

(1) 議論の乏しさとその理由

　このように移転価格の分析上、重要な無形資産の取扱いに関する議論が活発になされている一方で、その認定に関する議論は乏しいのが現状です[9]。

> [9] NERAエコノミックコンサルティング編『移転価格の経済分析』中央経済社 178 頁以下は、各業種における重要な無形資産につき詳細に議論している数少ない文献です。

　これは重要な無形資産の認定が実務上重要でないことを反映するものではありません。むしろ税務当局と納税者との間では、内国法人と国外関連者のいずれがいかなる重要な無形資産を有しているかを巡って詳細な議論が行われることが多く、無形資産の認定の問題は、算定手法の選択及び適用を通じた無形資産の評価（定量化）の前提としての重要性を有するものといえます。

　おそらく無形資産の認定に関する議論が低調であるのは、この論点が経済分析に関する知識を要する一方で、潜在的な論者の相当割合が経済分析に関する教育のバックグランドを持たない（筆者もそうである）ことに起因するものと思われます。

　また、重要な無形資産の認定が容易な一般化を許すものではないことも要因の一つとして考えられます。

すなわち、移転価格税制の実務上、問題となる国外関連取引は個性に富んだものであり、また業態が相違することで競争の状況も一変することから、ある業種の大まかな傾向という一般化は可能であっても、かかる傾向を安直に個別の事案に適用して結論を出すことはできません。そして近時は、各種の技術革新や規制緩和に伴い従前の技術が急速に陳腐化し、国境を越えて競合することが容易になるなど、刻々と競争の様相が変化する状況があります。

（2） 裁判例の欠如

　重要な無形資産の認定が主要な争点となった裁判例は、本稿の執筆時点（平成25年11月）で存在しません。移転価格に関する裁判例には6つの事例が存しますが、これらのうち5つの事例は、いわゆる基本三法（またはこれに準ずる方法及び同等の方法）またはこれに類する推定課税に拠ったものであり[10]、残る1例は、寄与度利益分割法を適用したものです[11]。

> [10]　高松高判 H18.10.13 訟月 54巻4号 875頁、東京地判 H18.10.26 訟月 54巻4号 922頁、東京高判 H20.10.30 裁判所HP、大阪高判 H22.1.27 公刊物未登載、東京高判 H25.3.14 裁判所HP。
> [11]　東京地判 H24.4.27 ジュリ 1445号 8頁。

　重要な無形資産に関する問題意識は、重要な無形資産が国外関連取引に影響を与えるものとみられる場合、基本三法などの各取引の比較可能性に着目する方法を適用できないことが多く、そのような場合にいかにして独立企業間価格を算定すべきか、というものです。つまり基本三法が適切な算定手法であること自体に争いがなければ、重要な無形資産の形成等を検討する意味を欠くこととなります。

　また、寄与度利益分割法を適用した裁判例では、法人がバハマ法人たる国外関連者よりエクアドル共和国産バナナを輸入する取引対価の相当性が問題となったところ、裁判所は以下の旨を述べて当該国外関連取引に重要な無形資産は用いられていない旨を認定しています。

「このように、本件国外関連取引は、エクアドル産バナナという1種類の棚卸資産につき、P1（筆者注：国外関連者）がP4から仕入れ、特に加工することなく、そのままの状態で原告に販売し、原告も、P1から仕入れたエクアドル産バナナを特に加工することなく、そのままの状態で顧客に販売するというものであって、いずれも仕入販売業務以外の製造加工や研究開発等の他の業務を伴うものではない。また、本件国外関連取引に関し、いずれか一方の有する製造設備等の固定資産や重要な無形資産等を使用するものでもない。」

2　本稿の意義と構成

（1）　本稿の意義

筆者は、平成23年7月より平成25年7月までの2年間、任期付職員として大阪国税局調査第一部調査審理課に所属し、その際、大阪国税局が所掌する法人の移転価格課税及び事前確認手続に関与する機会を得ました。

筆者は、法曹としての教育を受け実務上の経験を経てきた者として、一つの事実認定の局面である無形資産の認定に関し自分なりの見解を述べることに意義があるものと考えて、本稿を呈するものです。筆者の意見は、税務当局の見解を反映するものではなく、私見に過ぎないことをお断りしておきます。

以下の論考のうち、特に経済分析に関わる記述については、筆者の無知や誤認に基づくものがある可能性があるので、ぜひご指摘頂ければ幸いです。また、この論考は、筆者の当局での在任中の同僚等の極めて有益な示唆、助言なしには成立し得なかったものであり、この場をお借りして御礼申し上げます。

(2) 議論の対象の画定

　移転価格の分析は、重要な無形資産の認定に続いて、無形資産の帰属（無形資産を法人及び国外関連者のいずれに帰属させるか）及び定量化（無形資産の金銭評価と独立企業間価格への反映）のプロセスを経ることになりますが、本稿では、重要な無形資産の認定の点に絞って議論を行うものとし、他のプロセスについては議論のため必要な限りにおいて言及するものとします。

　なお、重要な無形資産の認定と上述の他の領域とは、密接に関連するものであり、例えば、上述のTNMMに準ずる方法を用いる場合には、内国法人または国外関連者の利益率の検証の結果、国外関連取引の相手方当事者たる国外関連者または内国法人が得べき超過利益の有無及び金額が明らかになることから、重要な無形資産の認定とその定量化が同時になされることになります。

　ただ、重要な無形資産の認定と他の領域は、概念上、議論の段階が相違するものとして峻別することが可能であり、実際にも課税庁が国外関連者に重要な無形資産は存しないと認定するのに対し、内国法人たる納税者がこの認定を争うという形で重要な無形資産の認定が独立の問題となる事態は大いにあるところです。

(3) 本稿の構成

　以下の論考では、重要な無形資産の認定を大きく実体と手続の側面に二分して論じます。まず実体面では、重要な無形資産の認定基準と個別の無形資産の認定上の問題点につき検討します。

　次に手続面では、重要な無形資産の認定を支える証拠としてどのようなものがあるか、また、証拠を総合して重要な無形資産の認定を行う上で留意すべき点につき検討します。

第3節 重要な無形資産の認定基準と個別の無形資産の認定上の問題点

1 重要な無形資産の認定基準

　事務運営要領及びOECDガイドラインでは、重要な無形資産の対象たる資産につき明確な定義はなく、対象資産を例示すると共にその特徴を挙げることで対象の絞り込みがなされています。

(1) 事務運営要領

　事務運営要領3－11は、重要な無形資産の対象となり得る無形資産について、「例えば、次に掲げる重要な価値を有し所得の源泉となるもの」として、以下の3点を挙げています。

　① 技術革新を要因として形成される特許権、営業秘密等
　② 従業員等が経営、営業、生産、研究開発、販売促進等の企業活動における経験等を通じて形成したノウハウ等
　③ 生産工程、交渉手順及び開発、販売、資金調達等に係る取引網等

　そして、「法人又は国外関連者の有する無形資産が所得の源泉となっているかどうかの検討に当た」っては、①同種の事業者であって重要な無形資産を有しない法人との利益水準を比較し、また②当該法人または国外関連者の無形資産の形成に係る機能等を分析するものとします。

　上記①が挙げる同種事業を営む企業の利益水準との比較は、定量的な評価を可能とする点で無形資産の認定上極めて重要ですが、同指針が挙げる「所得の源泉となる無形資産を有しない」法人とは、重要な無形資産を有しない法人に他ならず、この基準自体が重要な無形資産を定義するものと

は成り得ません。

　上記②は、法人または国外関連者の機能等により形成された無形資産が利益の獲得に寄与する因果の流れを（どちらかと言えば）定性的に評価する契機であると捉えられます。[12]

> [12]　なお、上記②は重要な無形資産の認定のみならずその帰属（法人または国外関連者）についても言及するものと解されますが、上述のとおり、本稿では原則としてこの点に関する分析は行いません。

（2）　OECD移転価格ガイドライン及び改訂案

　OECD改訂案では、無形資産を「有形資産や金融資産ではなく、商業活動に使用するにあたり所有又は支配することができ、比較可能な状況で非関連者間による取引において発生した場合に、その使用又は移転によって報酬が生ずるものを指す」（パラ40）と概括的な定義を挙げ、その上で「（筆者注：無形資産の）実例を包括的に示すことや、無形資産を構成する項目又は構成しない項目を完全に列挙することは意図していない。」（パラ52）と述べ、包括的に無形資産を特定することは行わない旨を明らかにしています。

　そして、OECD改訂案では、無形資産が関わる移転価格分析において考慮されることが多い項目として、①特許、②ノウハウ及び企業秘密、③商標、商号及びブランド、④契約上の権利及び政府の免許、⑤ライセンス、その他制限された無形資産の権利、ならびに⑥のれん及び継続企業の価値を挙げています（パラ53以下）。

　その一方で、OECD改訂案は、移転価格分析上考慮の対象となる無形資産が有すべき属性につき言及します。

①　単一の企業による所有または支配が可能であること

　無形資産とは、商業活動における使用上所有または支配することができるものを指すものとされています（パラ40）。そしてグループのシナジー

や市場固有の特徴は、単一の企業により所有または支配し得ないものであるから、無形資産に該当せず、ただ比較可能性の要素になるものとします（パラ63、64）。

なお、上記基準のうち、「単一の」企業による所有または支配を要求する点は、独立当事者原則（Arm's Length Principle）を反映したものです。すなわち、OECDガイドラインにおける移転価格分析は、問題の国外関連取引について、独立の取引当事者であればどのような対価を設定したかを探求する独立当事者原則を基礎とするものであるところ、独立の取引当事者は、国外関連取引よりシナジーを獲得する余地はないから、独立当事者原則を前提とする限りシナジーは重要な無形資産と成り得ないこととなります。

② 通常の収益を超える収益をもたらすこと

㈦ OECD改訂案の定め

OECD改訂案では、重要な無形資産が通常のリターン（収益）を超えるリターンをもたらすことが必要であるとしています。

すなわち、パラ44では、「全ての無形資産が全ての状況において製品又は役務に対する支払い義務とは別個の対価の支払いに値するわけではなく、また、全ての無形資産が全ての状況においてプレミアムリターンを発生させるわけではないことを強調すべきである。」、「ノウハウは無形資産であるが、事実及び状況によっては、ノウハウがあるからといって、比較可能な非独自のノウハウを使用して同様のサービスを提供する比較可能な非関連事業者が得る通常のリターン以上のプレミアムリターンは配分されない場合がある。」と述べられています。

これらの記述より、無形資産には、プレミアムリターンを発生させるものとそうでないものがあり、プレミアムリターンを発生させるもののみ、移転価格分析上、特段の考慮を要することとなります。

(イ) 「通常」のリターンの定義

　問題は、何をもって「通常」のリターンとすべきかです。すなわち、「通常」のリターンが定まることで、「通常」のリターンとの比較によりプレミアムリターンが定まる関係にあります。

　まず考えられるのは、法人または国外関連者の同業者が得る代表的な利益率（平均値または中央値）をもって通常のリターンとみなすことです。

　ただ、例えば、同業者のうち相当数が重要な無形資産の例として挙げられている特許を所有する場合には、研究開発費の支出割合が低い企業を選択する等により、無形資産を有する蓋然性が低い企業を抽出し、これらの企業の代表的な利益率をもって「通常」のリターンとすることが考えられます。

　また、法人または国外関連者の得る収益（リターン）が通常の収益を「超える」ものであるか評価するに当たっては、適宜同業者の得る利益率につき四分位法によるレンジを用いることが考えられます（事務運営要領別冊事例1項目5）。

③ **独自のものであること**

　上述の各点に加えて、OECD改訂案では、重要な無形資産の要素としてユニーク（独自性）であることを挙げています。

　すなわち、前出のパラ44では、重要な無形資産に該当しない場合として、非独自のノウハウを使用する場合を挙げており、かかる記述は、独自性が重要な無形資産の認定上の一要素であることを前提とするものです。

　ある企業が同種事業を営む企業には見られない独自の無形資産を有しており、当該無形資産により同種企業を超える高い利益を得ているならば、問題の国外関連取引と同様の取引を探すことは困難であることは**第1節**1で述べたとおりです。

　また、著名な経営学者であるマイケル・ポーターらが主張する有力な経

営理論によれば、企業が競合者との差別化を行うことで、競争上の優位を確保し高い利益を得ることが可能になるものとされています[13]。したがって、独自性の要素に着目して重要な無形資産を認定することは、このような競争理論とも整合的です。

　　[13]　ヘンリー・ミンツバーグ他『戦略サファリ（第2版）』東洋経済新報社96頁以下。

(3) 小 括

　以上より、事務運営要領及びOECD改訂案は、重要な無形資産の認定の要素として、①一つの企業が所有または支配できるものであること、②無形資産により、法人または国外関連者の同種企業が通常得る収益を超える収益がもたらされること、及び③無形資産がユニークであることを挙げるものと解されます。

　上述の各点は裏返せば、重要な無形資産の不存在を認定する要素となります。すなわち、仮に法人または国外関連者がノウハウ等の重要な無形資産と成り得るものを所有していても上述の各点の一または複数が認められないならば、重要な無形資産は存在しないものと考えられます。

　実務上は、課税庁が国外関連者に特段の重要な無形資産は存しないものと認定し、納税者がこの認定を争うというように、国外関連者に重要な無形資産が存在しないといえるかという形で争点となる場合が少なくありません。

　従って、このような場合には、課税庁または納税者が挙げる重要な無形資産の候補について、もし重要な無形資産に該当するならば存するであろう、上述の各点の有無を検討し、その結果、上述の各点の一または複数（特に②③の点）が認められないならば、当該候補は、重要な無形資産に該当しない旨認定し得ることとなります。

第4節 個別の無形資産の認定上の問題点

以下、事務運営要領及び OECD 改訂案が挙げる主要な無形資産の候補について、認定上の留意点を述べます。

1 特許権等

特許権等の工業所有権や著作権は、各国の法制度上、その所有者の独占を認めるものであり、典型的な無形資産です。すなわち、一般に特許権者は、競合者を排除し特許を独占して実施することで高い収益を得ることを期待できます。

(1) 製品による排除効及び独自性の程度の相違
① 業種による排除効の相違

ただ、業種により、特許権等が持つ排除効の強さ及び製品の独自性の程度には相違があります。

例えば、製薬業では、新薬に係る物質特許の排除効が新薬の承認制度と相まって強く及ぶ傾向があり、独占を維持することで多くの利益を得ることが可能となります。一般に新薬の特許が失効するとジェネリック医薬品の上市によりその売上が激減する現象が見られるのは、新薬に係る特許権の排除効が強く及んでいることの裏返しであるといえます。

一方、家電機器製造業では、事業者の特許の出願及び取得件数が特に多数に上るにも関わらず、ある事業者の新製品に対抗して間を置かず競合品が上市される傾向があることは、近時のスマートフォン等の例からも顕著に認められるところです。

これは、電気機器が複雑な構造より成る製品であり、一つの特許がカバーする技術が相対的に限られることと、一の事業者が新製品に必要な技術に係る特許を独占することが困難であることによるものと考えられます。

この点、家電機器製造業に従事する事業者間ではクロスライセンスやパテントプールといった特許権等の共同実施に係る合意が見られるところ、これらの合意は、一の事業者が新製品に必要な技術に係る特許を独占することが困難であることを反映するものといえます。

② 新技術のライフサイクルの短期化

また近時は、急速な技術の陳腐化により、新技術のライフサイクルが短くなる傾向にあります。すなわち、事業者が開発した新技術により競争上の優位を享受できる期間は減少する傾向にあり、急速な技術の陳腐化により、それまで利益を享受していたわが国の製造業者がたちまち苦境に陥る例が見られるところです。

このため課税庁が、移転価格調査の対象とする6事業年度のうち、当初の数年につき、ある特許権が重要な無形資産と認定できる一方で、後半の数年では、急速に陳腐化が進行した結果、重要な無形資産に該当しないと認定すべき事例が生じ得ることとなります。

(2) 費用額及びリスクの要素

OECD改訂案では、リスクの高い研究開発によりもたらされた特許等は、重要な無形資産に成り得るものとします（パラ53）。

すなわち、例えば、特定の製品に結び付くことを想定せず実施される基礎研究と既存の製品の改良に係る開発行為とでは研究開発費の回収可能性の点で大きな相違があるのです。また、基礎研究の成果が製品に結び付いた場合、当該製品は新しい発想に基づく独自性の高いものとなる蓋然性が高いといえます。

2　ノウハウ

(1)　製造ノウハウ

　製造に関する技術は、特許等の工業所有権の対象となるほか、事業者の試行錯誤や操業の経験により得られるノウハウの形で蓄積されます。トヨタグループのかんばん方式等に代表されるノウハウは、事業者がより少ない費用で製造を行うことを可能とするものです。

　ノウハウがその効果を発揮するには、集積された種々のノウハウが有機的に機能することを必要とする点で競合者が模倣することを容易に許さないものであり、また重要なノウハウについては外部への流出を防止すべく、これを秘匿する措置が取られています。このようにノウハウは独自性を獲得するものであり、重要な無形資産の候補足り得るものです。

　そして、操業を行う中で随時、製造工程の見直しを行い、独自のノウハウといえる手法によりコストダウンを図ることは、従前よりわが国の企業が得意であるものとされてきたところです。また、近時の移転価格分析の事例では、製造機能を国外の子会社に移転することに伴い生ずる国外関連取引が少なからず問題となり、課税庁が製造ノウハウを重要な無形資産として認定する例も存するものと思われます。

(2)　研究開発のノウハウ

　一般に陳腐化した技術は、重要な無形資産ではないとされています。陳腐化した技術は、競合者が容易に利用可能なものであるから、独自のものではなく、それ自体競争優位の源になるとはいえません。

　ただ、留意すべきは、国内の市場では陳腐化した技術が、国外の市場では陳腐化しておらず、このような技術を導入した製品がその低価格と相まって（すなわち、新たな研究開発のコストが生じないので低価格での上市が可能となる）、いわゆる新興国で大いに受け入れられる事態が存すること

です。この点において、技術の陳腐化の評価は、絶対的なものではなく、販売対象たる市場毎に相対的になされるべきものといえます。

　また、旧世代の技術を開発する過程で知見を蓄積したことは、重要な無形資産を認定する上で一つの間接事実に成り得るものと思われます。すなわち、事業者は、旧世代の技術を開発する過程で様々な問題に対処しこれを解決することで、研究開発の方法論に係るノウハウを蓄積したものといえ、このノウハウの蓄積が新世代の技術を効率的に開発する上で寄与する蓋然性を認めることができます。

　一例を挙げると、三菱飛行機が進めているジェット旅客機の開発が当初の計画より大幅に遅延し、納期が何度も変更されているとの報道が存します。かかる事象に対しては、わが国の航空機産業に過去数十年にわたる技術的な断絶があり、新規に開発の方法論に係るノウハウを蓄積しなければならないことが原因であるとの評価が存します[14]。

　　[14]　Business Journal 2013 年 11 月 22 日付記事
　　　　（http://biz-journal.jp/2013/11/post_3402.html）

3　商標及びブランド

(1)　商標等の収益への寄与及び独自性

　商標及びブランドは、典型的な無形資産の一つです。事業者が長年にわたり品質の高い商品または役務を提供してきたことにより形成される信用が商標に化体し、それが競業者より高い利益を得られる源泉であると捉えられます。また、商標等が価値を持つ上で、事業者が長年にわたり品質の高い商品等を供給することが条件になっており、かかる過程を経て形成された商標等は、個性が強い独自のものと成り得ます。

　なお、OECD 改訂案では商標等が重要な無形資産の候補として明記されている一方で、事務運営要領 2 － 11 には、商標等が重要な無形資産の

対象として例示されていません。

（2）業種による蓋然性の相違と現地化の契機の考慮

　商標等が収益に寄与する蓋然性については、業種により相違があります。すなわち、一般に服飾品や高級車の分野では、ブランドによる高品質への信用の収益にもたらす効果が大きいものと考えられており、ブランドイメージの創出のため多額の広告宣伝費が支出される傾向にあります。

　また、移転価格分析が問題となる場合のうち、国外市場への進出に伴い国外関連取引が発生するときは、国外関連者による商品及び役務の現地化（Localization）の契機を検討する必要があります。

　すなわち、法人が国内市場で重要な無形資産と認められる商標等を有する場合であっても、国外の市場で商品等が受容されるよう、新規に商品の仕様が設定されることがあります。このような場合、法人が有する商標等と現地化に向けた国外関連者の機能がそれぞれどの程度収益に貢献したか評価することは、困難な問題となります。

4　マーケティング無形資産

　マーケティング無形資産は、移転価格課税の場面で納税者より主張されることが多く、実務上、最も紛糾する論点の一つです。すなわち、内国法人の有する研究開発及び製造機能が重要な無形資産を形成していることを根拠に課税庁が移転価格課税を行うのに対し、納税者は、国外関連者の販売機能が重要な無形資産を形成する旨、反論することになります。

　潜在顧客に対し商品の性能や効用が優れている旨を説くマーケティング活動は、広く行われているものであり、あるマーケティング活動が潜在顧客の認知を得る上で効果があったとしても、単にそれだけでは当該活動が独自性があるとはいえないことになります。

　上述のようなマーケティング活動の性格は、マーケティング無形資産を

認定する上で障害となります。この点、事務運営要領では、販売網の形成に関するノウハウ等をマーケティング無形資産の候補として挙げていますが、これは効果的に潜在顧客と接触できる販売網を構築するに至ったならば、そのように構築された販売網には独自性があるものと評価できる場合が相対的に多いと考えられることによるものと解されます。

第5節 手続面（認定を支える証拠及び評価上の留意点）

1 認定を支える証拠

(1) 各種証拠の総合判断によるべきこと

重要な無形資産の認定は、各種証拠の総合判断によるべきと考えます。

すなわち、ここでは法人及び国外関連者の機能が特定の無形資産を形成し、それが収益獲得をもたらすといった一連の因果関係を認定する必要があるところ、一般にこのような複雑な因果関係の認定は困難なものです。また、特定の無形資産が独自のものといえるかは、問題の業種における一般的な事業内容に係る知識を前提として、評価の結果得られるものであり、相当な評価を行うには各種証拠を総合することが必要であるといえます。

種々の証拠を適正に評価するには、どのような種類の証拠があり、どのような特性を有するものであるかを予め把握しておくことが有用です。重要な無形資産の認定に関わる情報は、①法人が携わる業界に係る一般的な情報と②当該法人及び国外関連者に関わる個別の情報に大別されます。

(2) 業界に係る一般的な情報

上記①の情報は、(a)当該業界における事業者の一般的な利益水準と(b)事業者の機能及びリスクの構造から成ります。

① 事業者の一般的な利益水準

前出事務運営要領3－11は、「法人又は国外関連者の有する無形資産が所得の源泉となっているかどうかの検討に当た」っては、①同種の事業者であって重要な無形資産を有しない法人との利益水準を比較し、また②

当該法人または国外関連者の無形資産の形成に係る機能等を分析するものとします。

　分析対象たる法人の利益率との比較を行う前提として、当該法人の同種事業者の一般的な利益率を知る必要があり、かかる目的は、市販の企業情報データベース等の資料に依拠することで達成できます。ただ、**第３節**[1](2)で述べたとおり、何をもって「一般的」な利益率とするかは、少なからず議論の余地を残すこととなります。

② **事業者の機能及びリスクの構造**

　当該業界における事業者の一般的な機能及びリスクの構造を知ることは、当該機能が高い収益に結び付いている蓋然性を評価し、また、分析対象たる法人及び国外関連者の機能及びリスクの独自性を評価する上で不可欠です。

　かかる情報は、出版されている専門家の経済分析に拠るほか、当該法人及びその競合者または顧客から聴取することにより得られます。留意すべきは、これらの情報は、発信者の立場等によるバイアスを伴うことがあることであり、その程度に応じて適宜、言説に係る信用性を割り引いて評価する必要があります。

　また、専門家の経済分析についていえば、これらの情報は特定の目的に基づき生の情報を分析した結果であり、当該目的によっては、移転価格分析上参考とすることが適切でない場合があり得ます。

　さらに、専門家の経済分析の相当性は、当該分析で用いられる評価モデルの妥当性に依拠するものであり、また、一または複数の事例に係る経済数値の分析をもって、どの程度一般的な結論を導くことができるか、疑問を持つべきです。

(3)　当該法人及び国外関連者に関わる個別の情報

　上記**(2)**で述べた(a)当該業界における事業者の一般的な利益水準、及び

(b)事業者の機能及びリスクの構造に係る情報を得た上で、これと対応する分析対象たる法人及び国外関連者の情報、すなわち、法人及び国外関連者の利益水準ならびに機能及びリスクの構造を検討することになります。

　まず、利益水準に関する情報は、法人または国外関連者が定期的に作成する財務諸表に記される利益ではなく、分析対象たる国外関連取引に係る利益水準の情報です。このため、国外関連取引に係る一次データに遡ることで、法人または国外関連者の総体としての利益水準より国外関連取引に係る損益を「切り出す」作業が必要となります。

　そして、機能及びリスクの構造に関する情報は、法人自身の公開情報（IR情報など）に加えて当該法人の競合者及び顧客から得られます。これらの情報は、定性的な情報と定量的な情報から成りますが、定性的な情報については、可能な限り定量的な情報の裏付けを得ることで証明力を確保する必要があります。

　また、重要な無形資産が形成された蓋然性の高低については、成果物たる、商品またはサービスの独自性の点に加えて、無形資産の形成に関わる投資のリスクの高低に着目することが有用と考えられます（前出OECD改訂案パラ53）。

　すなわち、リスクが高いと見られる投資は、その時点で類似の例に乏しかったことから回収可能性が低いと評価されるものであり、類似の例に乏しいことは独自性を意味するものといえるからです。

第6節 証拠の評価上の留意点

次に証拠を総合評価して重要な無形資産の認定を行う上で留意すべき点につき検討します。

1 利益水準の比較

事務運営要領2-11が挙げる各点のうち、法人及び国外関連者の利益水準と同種の事業者の利益水準との比較については、上述のとおり、何をもって同種事業者の「通常の」利益率と捉えるかが、課税庁と納税者との議論の焦点になるものと考えられます。

2 無形資産の形成に係る機能等の分析

次に、当該業界における事業者の一般的な機能及びリスクの構造に対し、分析対象たる法人及び国外関連者の機能及びリスクの構造を比較することで、機能等が重要な無形資産を形成しもって収益に結び付く因果関係の蓋然性を評価し、また機能等の独自性を評価します。

既に述べたとおり、昨今は業界における競争の構造が短期間に目まぐるしく変わることから、これらの点の評価につき安易な一般化を許すものではありませんが、少なくとも以下の2点がいえるように思われます。

(1) 市場を構成する各要素を漏れなくバランスよく考慮すること

市場での競争に影響を与える要素には、①分析対象たる法人及び国外関連者の商品(またはサービス)、②需要者、③競合者とその商品及びサービス、④政府(の規制等の政策)及び⑤仕入先が存します(なお、この記載は、

筆者が移転価格の分析上、重要度が高いと考えた順序によります）。

これらの各要素は、分析対象たる法人及び国外関連者を取り巻く競争の状況に大なり小なり、影響を与え得るものであり、各要素の影響の内容及びその程度を漏れなく把握しなければ、正確な競争状況を認定することはできません。

(2) 時系列に従った評価を行うこと

上述の点に加えて、経年に伴う各要素の競争に与える影響の変化を時系列に沿って順次評価する必要があります。すなわち、例えば、かつて高い競争力を有していた分析対象たる法人の商品が安価な代替品の登場により急速に競争力を失い、当該法人の技術またはノウハウが陳腐化する事態は少なからず見られるところです。

また、法人が継続的かつ一様に投下を行う営業費用であっても、競争の状況等の変化に伴い、投資リスクが変化する（高かったリスクが低くなる、またはその逆）事態が考えられます。

3 その他（後知恵の問題）

移転価格分析における重要な無形資産の取扱いについては、国外関連取引の対価設定の基礎となる情報の範囲をどのように考えるべきかが問題となり、OECD改訂案では、法人が対価設定時に知り得ない、いわゆる後知恵に基づき独立企業間価格を認定することは許されないものとされています（パラ2.128、3.74）。

そこで無形資産の認定と後知恵との関係が問題となりますが、あくまで重要な無形資産の認定は、客観的なすべての事実を基礎とし、後知恵の点は、認定された重要な無形資産の金銭評価に係る問題と捉えることが分析の各段階の意義を明確にする上で優れているように思われます。

なお、2013年7月に公表されたOECD改訂案では、OECDが今後数

か月のうちに BEPS（Base Erosion and Profit Shifting）への対応の一環として、評価の難しい無形資産の移転価格税制上の取扱いを検討する予定であり、その結果により OECD 改訂案の記述が変更される可能性が注記されています。

4 最後に（議論を尽くすこと）

　以上のとおり長々と論じてきましたが、重要な無形資産の認定と金銭評価の問題は、移転価格分析でも特に高度な評価を要するものであり、困難な分野であるとの思いを新たにしています。

　重要な無形資産の認定には、多様な証拠を総合的に評価する必要があると述べたのは、ともすれば主観に流された判断であるとの批判を受けるものであり、かかる批判を避けるためにはそうすることが不可欠であるからです。

　実務上は、この点に加えて、課税庁と納税者が議論を重ねるプロセスが重要であるものと考えます。すなわち、課税庁と納税者が批判的かつ建設的な議論を重ねることで、議論の結果を適切に反映した課税庁の認定が相当であると認められる蓋然性は高まるものと思われ、このようなプロセスを経ること自体に意義があるものといえます。

無形資産に係る議論の現状

本章記述の初出時(2014年4月)より現時点(2018年2月)までの無形資産に関する議論について、以下追記します。

1 裁判例について

第2節①(2)で重要な無形資産の認定が主要な争点となった裁判例は存しない旨を述べましたが、現時点でも、未確定の事件を除いてこの状況に変わりはありません。近時の著名な移転価格に関する裁判例である本田技研工業の控訴審判決(東京高判平成27年5月13日)で、裁判所は、基本的利益の算定方法が違法であることを根拠として、課税庁の更正処分を取り消しており、無形資産の認定及びこれに基づく残余利益の分割を論じていません。

2 BEPSプロジェクトの成果

第1節③で言及したとおり、BEPSプロジェクトの成果として、OECDガイドライン第6章が改正され、また複数のディスカッションドラフトが提示されました。かかる一連の動きは、以下のBEPS(Base Erosion and Profit Shifting：税源浸食と利益移転行為)に対処するものです。

> 行動8：適正な移転価格の算定が困難である無形資産を用いたBEPSへの対応策
> 行動9：グループ内企業に対するリスクの移転、過度な資本の配分等によって生じるBEPSの防止策
> 行動10：その他移転価格算定手法の明確化やBEPSへの対応策

かかる改正は、主に以下の各項をもって、BEPSに対処するものと評価可能です。

(1) 機能リスクの実質的な評価

国外関連取引の当事者の機能リスクをより実質的に評価する。具体的には、各当事者のリスクの負担能力(資力等)に着目し、また、単なる資金提供は、重要な無形資産の形成等に寄与したとはいえないとする。

(2) 対価の事後精算

　評価が困難な無形資産の対価について、事後の利益獲得の状況に応じた精算を求める。

第7章

事前確認制度の活用

第1節 事前確認制度のポイント

　事前確認制度（APA：Advance Pricing Arrangement または Advance Pricing Agreement）は、税務当局との間で納税者が申し出た独立企業間価格の算定方法等の合理性を事前に確認する制度です。

　本書の中で述べられてきたローカルファイル（LF）の作成と保存は、あくまでも納税者である企業が自らの考え方で整理した国外関連者との独立企業間価格を説明するものです。従って税務当局がその作成されているLFの内容について合理性を認めない場合には、移転価格課税を受けるリスクが残ってしまいます。

　ところが事前確認制度を活用することで、この移転価格課税のリスクを極小化することが可能です。

　事前確認制度は、納税者である企業が自国の税務当局に対してのみ確認を求める「ユニラテラル（unilateral）APA」、通称ユニ APA と、納税者である企業の自国の税務当局に加えて、当該取引の相手方である国外関連者が所在する国の税務当局双方に確認を求める「バイラテラル（bilateral）APA」、通称バイ APA の二種類に大別されます。バイ APA の場合には、わが国税務当局と相手国税務当局との間で相互協議を行い合意することが必要となります。

　バイ APA の場合の移転価格課税のリスクは非常に小さなものとなりますが、ユニ APA にあっては相手国税務当局からの移転価格課税のリスクは依然として残っています。しかしながら、わが国税務当局からの課税リスクが高いと判断されるような案件など、ユニ APA の有用性が認めら

るケースも存在します。

以下、事前確認制度の概要を理解していただく中で、LF作成を通じて形成された自社の「独立企業間価格算定方法」について事前確認制度を活用して一段と安定性を高めたものとすることの必要性判断に繋げていただければと考えています。

1 事前確認制度の概要

事前確認制度は、昭和62年(1987年)国税庁通達「独立企業間価格の算定方法等の確認について」により導入されました。現在は「移転価格事務運営要領」の第6章「事前確認」により規定されています。

国税庁が発表している「相互協議の状況について」(平成28事務年度)における相互協議事案の発生件数の中に、事前確認についての相互協議件数が示されています。近年は年間150件前後の件数が発生している状況にあり、制度として定着していると見られます。

【相互協議の発生件数】

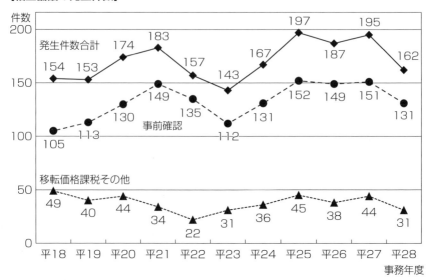

(国税庁ホームページより)

2　事前確認の効果

　事前確認の効果に関しては前掲の国税庁「移転価格事務運営要領」の第6章「事前確認」6-16に記されています。

> **（事前確認の効果）**
> 6-16　所轄税務署長は、6-15⑸の取扱いにより事前確認を行う旨の通知を受けた法人（以下「確認法人」という。）が事前確認を受けた各事業年度（以下「確認事業年度」という。）において、事前確認を受けた国外関連取引（以下「確認取引」という。）について事前確認の内容に適合した申告を行っている場合には、当該確認取引は独立企業間価格で行われたものとして取り扱う。
> 　なお、事前確認を行う旨の通知があった時に既に経過した確認事業年度がある場合において、当該通知又は局担当課による行政指導により当該確認事業年度に係る申告を事前確認の内容に適合させるために確認法人が自主的に提出する修正申告書は、国税通則法第65条第1項及び第5項（過少申告加算税）に規定する「更正があるべきことを予知してされたもの」には該当しないことに留意する。
> 　また、修正申告書が同条第5項の調査通知後に提出された場合であっても、事前確認の内容に適合させるための部分は、同項に規定する「調査通知がある前に行われたもの」として取り扱うことに留意する。

　事前確認制度は法令における根拠規定は無く、行政上の事実行為であるという整理がされています。つまり税務当局は納税者に対して確認を与えた取引に対して移転価格課税は行わないのですし、他方、納税者のほうは確認された内容に沿う申告が義務付けられているような理解になろうかと思いますが、そもそも通達という当局を縛るだけの根拠ですので、法令ではないところから納税者は確認された内容に沿う申告の「義務」はないともいえます。

ただ、確認された内容に沿う申告をしなかった場合には、当局が事前確認を取り消し新たな移転価格調査に移行するという整理になっているわけです（事務運営要領6-21）。

なお、「事前確認時に既に経過した確認対象事務年度に係る申告を事前確認の内容に適合させるため自主的に提出する修正申告書は、『更正を予知してされたもの』には該当しない。」とする規定は加算税の取り扱いにおける判断材料を明確にしたものであって、すなわち当該自主的に提出された修正申告書は調査を予知して提出されたものとは扱われず、過少申告加算税などの賦課は無いということです。

また、事前確認対象事業年度は原則として3～5事業年度とされており（事務運営要領6-7）、確認期間を過ぎれば新たに事前確認申出を行って新たな確認を得なければ、当局からの移転価格課税リスクは極小化されないということになります。

3 申出に必要な資料

事前確認申出書には以下のような資料添付が求められています（事務運営要領6-3）。

事前確認ですので、その申出期限は確認対象事業年度の開始の日までとなっています（事務運営要領6-2）。

資料内容についてはLFに盛り込まれるべき内容と多くの部分が重複しており、LFがしっかり作成されていれば事前確認申出書類等に転用可能なものが多いと考えられます。

バイAPAの場合には、国外関連者が所在する国毎の税務当局に対しても申出を行う必要がありますが、それぞれの国により取り扱いが決められており、国により異なる面もありますので後述する「事前相談」などを活用して現状情報を得るなどにより、提出する資料の範囲やそれぞれの整合

【申出に必要な添付資料】

	資料	内容
イ	取引図	確認対象取引の内容、流れ及びその詳細を記載
ロ	組織図、業務分掌規程	申出法人及び国外関連者の事業内容及び組織概要を記載
ハ	機能、リスク分析資料	申出法人及び国外関連者が果たす機能、負担するリスク及び使用する資産に関する資料
ニ	ALP算定方法	独立企業間価格の算定方法等の説明資料
ホ	重要な前提条件	前提となる重要な事業上又は経済上の諸条件に関する資料
ヘ	資本関係図	申出法人と国外関連者との直接若しくは間接の資本関係又は実質的支配関係に関する資料
ト	損益資料	申出法人及び国外関連者の過去3事業年度分の営業及び経理の状況その他事業の内容を明らかにした資料
チ	国外関連者の課税・訴訟等の概要資料	国外関連者について、移転価格に係る調査、不服申立て又は訴訟等が行われている場合、その概要等の資料
リ	過年度適用した場合の結果	申出に係るALP算定方法等を確認対象事業年度前3事業年度に適用した場合の結果など確認対象取引に係る独立企業間価格の算定方法等を具体的に説明するために必要な資料
ヌ	直接の支配関係にある親会社等の概要（ユニAPAの場合に限る。）	申出法人が属する多国籍企業グループの最終親会社等及び当該申出法人に係る親会社等のうち当該申出法人を直接支配する親会社等が当該最終親会社等でない場合の親会社等の概要を記載した資料
ル	その他	その他事前確認に当たり必要な資料

性などに関してもよく吟味しておく必要があります。

4 ロールバック

　事前確認は原則として将来年度の国外関連取引の確認ですが、次の要件を満たせば確認対象年度以前の年度にも遡及して事前確認を適用できるとされています（事務運営要領6-23）。

　① 相互協議を伴う事前確認（バイAPA）であること。
　② 納税者から遡及適用を希望する申出があること。

③ 事前確認で適用する独立企業間価格の算定方法が遡及事業年度においても最も合理的と認められること。

事前確認でありながら、過去年分に遡って適用できるという非常にユニークな取り扱いです。これは相互協議を伴うバイ APA に限られます。相手国によってはその国の国内法の関係からロールバックができない場合もあります。

5 事前確認申出の要否判断

事前確認を行うか否かの意思決定については、非常に重要な意思決定になります。事前確認はあくまでも納税者である法人の積極的な意思により始められるものでしかありません。

かつて移転価格課税が徐々に行われるようになる中、未だ事前確認の申出そのものが少数だった段階での相互協議を伴うバイ APA の典型的な例は、移転価格課税がわが国または相手国で行われ、その結果生じた二重課税を「相互協議」により解消した場合、どうしても後続年度の問題が残る、それを「事前確認」で解決してきたというパターンでした。

しかし移転価格課税リスクに対する認識が徐々に広がる中で、調査のアプローチを受ける前に移転価格課税リスクを回避しておこうという動きが広まり、それが現状の事前確認件数の増加を招来しているものです。

LF との関連で考えてみますと、わが国では 2016 年度の税制改正で 2017 年 4 月 1 日以降開始する事業年度について、国外関連者との取引金額が有形資産取引で 50 億円、または無形資産取引で 3 億円を超える企業については、毎期 LF（移転価格文書）を作成し保存することが義務化され、たとえ基準に至らない企業であっても税務調査の際に求められれば 60 日以内に提出できなければ「推定課税」及び「同業者反面調査」の対象となるという整理になっています。

ただ LF を作成していれば、課税当局に対して移転価格上の適正価格となっていることを主張はできますが、それをもって移転価格課税のリスクが完全に回避されるというものではないわけです。

従って事前確認申出を行うか否かの判断は、予想される移転価格課税のリスクと事前確認に対応してかかるコスト（時間・費用）を総合勘案して判断するということになります。

また相互協議は租税条約が締結されていることが前提であるものの、相互協議自体が困難な状況にある国のケースもあるようです。こういった場合、ユニ APA の活用を検討することは有益だと思われます。

6 ユニAPAとバイAPAの比較

ユニ APA とバイ APA の比較をすると下記のようになります。

ユニ APA はわが国税務当局との間だけの確認のみですので、相手国税務当局からの課税リスクが排除できないことから、バイ APA に比して有用性が低いように考えられがちです。

しかしながら、例えば相互協議がスムーズにいかない現状にあるような相手国の場合は租税条約非締結国に近い状態ともいえる状態ですので、片側だけの課税リスク排除ではあるが有用性はあるものとして選択してよいのではないかということも考えられます。

あるいは取引の実態からみて、わが国税務当局からの移転価格課税リスクのみが大きく認識される中、相手国税務当局においてはリスクがそれほど認識されないのであれば、ユニ APA の活用は検討に値するものと考えられるでしょう。

	項目	ユニAPA	バイAPA
1	時間	相対的に短い期間	相互協議には時間を要する
2	リスク排除	一当事国のみに留まる	両国の法的安定性を確保できる
3	結果の客観性	一当事国の課税権確保に偏りがちとの見方もある	相互協議を通じて両国の意見が反映
4	ロールバック	不可	可能
5	対象国	特に制限はない	租税条約締結国に限られる

　なお、わが国におけるユニAPAの活用は全体の1割程度に留まるともいわれていますが、米国ではユニAPAの比率が40.7％（1991年～2011年）、中国においては同比率が73.8％（2005年～2010年）（出典：「月刊国際税務」2014年1月別冊64頁）とユニAPAの比率が高く、予測可能性付与という観点から相当程度の役割を果たしていると認識されています。

　わが国納税者の場合においても有用性を判断・認識した上でユニAPAを積極的に活用することで、片側だけではあっても課税関係の安定を図ることができる点に注目すべきではないかと考えます。

7　事前確認の流れ（申出から確認通知受領まで）

　事前確認の流れを段階に応じて説明していきます。事前確認に要する期間は、その内容が新規か更新か、ユニAPAかバイAPAか、さらには申出に係る取引内容の複雑困難性の程度、あるいは相手国の状況などによって大きく異なるものです。

　1件当たりの処理期間は平均的には2年強程度になっています（平成28年度事前確認に係るものの1件当たりの平均的な処理期間は、28.9か月。国税庁発表：平成28年度「相互協議の状況」）。

（1）　事前相談と申出

　事前相談については移転価格事務運営要領6-10に規定しています。

(事前相談)

6-10

(1) 事前相談は、事前確認の申出を行おうとする法人が確認申出書及び6-3(1)イからルまでの資料を作成することに資するものであり、かつ、当該法人が行おうとする事前確認の申出の内容を税務当局が適切に理解し、効率的かつ迅速に審査を行うことに資するものであることを踏まえ、局担当課はこれに的確に対応する。庁担当課(相互協議を伴う事前確認に係る事前相談にあっては、庁相互協議室を含む。(2)において同じ。)は、局担当課からの連絡を受け、これに加わることができる。

 (注) 確認対象事業年度の前の事業年度において、確認対象取引と同様の国外関連取引がある場合において、当該国外関連取引に関して移転価格税制の適用に係る調査が行われているときは、当該調査の終了前においても事前相談に応ずるが、当該調査の終了後において改めて事前確認の申出の内容に係る修正の要否について相談に応ずる。

(2) 局担当課(事前相談に加わる庁担当課を含む。(3)において同じ。)は次の点に留意して事前相談に応ずる。

 イ 事前確認の申出を行おうとする法人に対して、確認申出書の添付資料の作成要領、提出期限その他事前確認に係る手続に必要な事項を事前相談の際に十分に説明すること。

 ロ 法人が行おうとする事前確認の申出に係る国外関連取引の内容を的確に把握するとともに、当該法人に対して、当該事前確認の申出に当たって必要な情報の提供に努めること。

(3) 局担当課は、事前確認の申出を行おうとする法人が提出した資料の範囲内で事前相談に応ずる。

 なお、局担当課が、法人に対して、事前相談に先立って事前相談を行うに当たり必要と認められる資料の提出を求めた場合において、当該資料が事前相談の際に提出されないときは、事前相談に適切に応ずることができない旨を説明する。

(4) 法人が行おうとする事前確認の申出の内容が次のイからハまでに掲げ

る場合に該当すると認められるときは、局担当課は、当該法人に対して、それぞれイからハまでに定める事項を説明する。
　イ　6－14⑴イ、ハ、ニ又はヘに掲げる場合　当該事前確認の申出を行っても事前確認を行うことができない旨
　ロ　6－14⑵イ、ロ、ホ、ヘ又はトに掲げる場合　当該事前確認の申出を行っても事前確認に係る手続を保留する旨
　ハ　6－15⑵ハに掲げる場合　当該事前確認の申出を行っても6－15⑵に定めるところにより取り扱う旨

　相談窓口は国税局の事前確認審査部局（局所管法人の場合は国税局調査部の国際情報第2課などの担当課、署所管法人の場合は国税局法人課税課）及び国税庁担当課（調査課または法人課税課）です。

　相互協議を伴うバイAPAであれば、国税庁相互協議室も参加する場合があります。

　事前確認申請をしてみようと決断されてから「事前相談」をなされるといったプロセスを考えておられるケースが見受けられますが、実務的にはできるだけ早い段階で「事前相談」を行われるほうが良いと考えています。すなわち、事前確認を申請すべきか否かを検討されている段階で「事前相談」を行うことの有用性が多いという意味です。

　理由は、申出に係る取引等の基本的理解を共有することができ、国税庁調査課や相互協議室、そして審査部局である国税局担当課からの申請に関する助言や情報共有ができるメリットがあること、さらには事前相談を通じてある程度の相場観が情報として受け取れますので、事前確認申請を検討されている企業の社内説明などでもスムーズになる面もあります。

　申出関係資料の作成事務の効率化も図れることもあり、ひいては申請そのものの可否判断（申請を敢えて行わない判断もあり得る）にも繋がるような情報収集もあると考えられます。

(2) 事前確認審査

　事前確認の内容は国税局の審査部局が行います。移転価格事務運営要領6-11に規定しています。

　審査のスタンスは申出内容が審査部局として受け入れられるものかどうかを審査するものであり、審査部局担当課は課税セクションであって国税庁の課税部局の指揮下にありますので、基本的には調査としての価値判断に基づく審査ということかと考えられます。

　端的にいって、わが国課税権を確保できる事前確認内容であることを確認し、それに沿わない内容であれば審査結果が申出内容と異なることになろうかと思われます。移転価格事務運営要領6-11の規定ぶりはそのように表現しています。

(事前確認審査)

6-11　局担当課は、法人から事前確認の申出を受けた場合には、次により事前確認審査を行う。

　(1)　局担当課は、速やかに当該申出に係る事前確認審査に着手し、事案の複雑性や困難性に応じたメリハリのある事前確認審査を行い、的確かつ迅速な事務処理に努める。また、庁担当課は、必要に応じ事前確認審査に加わる。

　　　なお、事前確認審査を迅速に進めるためには、確認申出法人の協力が不可欠であることから、確認申出法人に対しその旨を説明し、理解を求める。

　(2)　局担当課は、原則として3-1及び3-2の取扱いその他の第3章（調査）及び第4章（独立企業間価格の算定等における留意点）の取扱いの例により事前確認審査を行う。

　　　なお、事前確認審査は、調査には該当しないことに留意する。

　(3)　局担当課は、確認申出書に6-3(1)イからルまでに掲げる資料の添付がなかったことについて、相当の理由があると認める場合には、確認申出法人に対して、当該資料の提出に通常要する日数を勘案して、45日

> を超えない範囲内で提出期限を設定し、当該資料の提出を求める。
> (4) 局担当課は、事前確認審査のため、6－3(1)イからルまでに掲げるもの以外の資料が必要と認められる場合には、確認申出法人に対してその旨を説明し、当該資料の提出を求める。
>   なお、局担当課は、確認申出法人に対して当該資料の提出を求める場合には、当該資料の提出の準備に通常要する日数を勘案して、45日を超えない範囲内で当該資料の提出期限を設定する。
> (注) 局担当課は、確認申出法人から提出された資料が不正確な情報に基づき作成されたものであると判断した場合には、速やかに、当該確認申出法人に対して、正確な情報に基づき作成した資料を提出するよう求める。
> (5) 局担当課は、確認申出法人が申し出た国外関連取引に係る独立企業間価格の算定方法等が最も適切な方法であると認められない場合には、当該確認申出法人に対し、申出の修正を求めることができる。
> (6) 庁担当課は、必要に応じ、局担当課に対し事前確認審査の状況等について報告を求める。

　審査は通常申出から数か月で着手され、半年程度の審査期間を要するケースが多いようです。申出内容によっては長期にわたる審査となる場合もあります。

　審査プロセスでは追加資料の提出要請や、実際に業務に携わっている現場の方々にもインタビューなども必要に応じて行われているようです。こういった審査過程は重要と捉えられているようで、国外関連者との間で取引に関する重要な機能・リスクがどのように分担されているのか、それによって例えばTNMMで片側検証する場合には、機能・リスクの少ないほうを検証対象にする判断の基準になりますし、コンパラの選定においても比較可能性の検討においても、機能・リスクの分析は欠かせないところです。

　また確認対象取引の範囲や取引単位判断の適否についても重要な要素に

なりますので、取引実態に即しての審査が行われるようです。

審査内容は専門的な分野にも及ぶところですが、スムーズな審査を進めていくためには十分に理解してもらうよう説明を尽くす必要があります。

審査結果は最終的に示されることになっていますが、審査途中の段階でも審査担当者から申出の内容に疑念がある場合など、その都度示されるようですので、十分に意見交換を尽くし誤解のないように進めていく必要があります。

独立企業間価格の算定方法の検討などで算定方法や検証対象法人などについて審査担当者と意見が合わない場合、バイAPAの場合では両国の審査結果が大きく異なることとなる結果となって、相互協議はスタート段階から難航が予想されることになります。

またユニAPAでは審査結果がそのまま事前確認結果になってしまいますので、特に慎重な対応が必要です。

審査結果は当局部内での検討を経て国税庁の調査課、相互協議室に報告され、納税者にも審査終了の連絡が入ります。

申出内容と異なる審査結果となる場合、審査結果の内容だけでなく、なぜそのような審査結果が採用されたか確認した上で、国外関連者側における審査結果との相違点について考え方をよく整理しておくことが、その後の相互協議のスムーズな進捗につながると思われます。

他方、ユニAPAの場合には、審査結果に沿った申出書の修正を求められます。

（3） 相互協議

相互協議は租税条約の規定に基づいて行われています。協議は基本的にはわが国と相手国、相互に訪問して担当者が直接ミーティングする形式で行われるようです。協議回数や進捗の状況については、相手国により様々と伝えられています。

国税庁発表の平成28年度「相互協議の状況」によれば、既に述べたように事前確認に係るものの1件当たりの平均的な処理期間は28.9か月（平成27事務年度：25.7か月）となっています。これをOECD非加盟国・地域との相互協議事案に限ってみると、事前確認に係るものの1件当たりの平均的な処理期間は、37.3か月（平成27事務年度：41.4か月）と、圧倒的に長期となっています。

　いろいろな事情・状況によるものと推察されますが、OECD非加盟国・地域との相互協議は困難な現状にあると考えられます。

　協議における合意内容は様々ですが、独立企業間価格算定方法の内訳ではTNMMが圧倒的に多くなっています。これは公開情報による検証を行う場合には使いやすいという側面からだと思われます。

　相互協議は「仮合意」の段階で申出法人に対して連絡があり、合意内容に同意するか否かの確認が行われます。申出法人のほうで仮合意内容に同意すれば、正式合意の手続に入り、両国間で正式な合意成立が行われて後、国税庁長官から合意通知が送付されます。

【独立企業間価格の算定方法内訳】

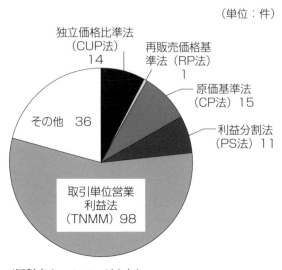

（国税庁ホームページより）

(4) 申出書の修正及び確認通知受領

相互協議を経た合意内容が当初の申出内容と異なる場合には、申出の修正が求められます。修正後の申出を改めて提出しこれに沿った確認通知書が送付されることになります。

仮に相互協議の合意内容に同意できない場合や相互協議が不成立となれば、申出書の取り下げあるいは不確認通知という手順になります。

8 確認通知後の対応(価格の調整)

事前確認が成立した以降、確認内容に適合した申告をするために取引内容をウォッチし、必要な調整を行わねばなりません。

この場合、決算確定の前段階で会計上必要な調整については移転価格上適正な取引として取り扱う旨、移転価格事務運営要領6-19の(1)に規定されています。

(事前確認に基づく調整等)

6-19

(1) 所轄税務署長は、確認法人が確認取引の対価の額を事前確認の内容に適合した額とするために、確定した決算において行う必要な調整は、移転価格税制の適用上適正な取引として取り扱う。

(2) 局担当課は、(1)の調整を行うことができなかった場合における確認法人の確認取引の対価の額の調整(以下6-19において「補償調整」という。)について、次の処理を行うよう指導する。

イ 確認法人は、確認事業年度に係る確定申告前に、確定した決算における確認取引の対価の額が事前確認の内容に適合していないことにより所得の金額が過少となることが判明した場合には、申告調整により当該所得の金額を修正する。

ロ 確認法人は、確認事業年度に係る確定申告後に、確認取引の対価の額が事前確認の内容に適合していないことにより所得の金額が過少と

なっていたことが判明した場合には、速やかに修正申告書を提出する。
ハ　確認法人は、確認事業年度に係る確定申告前に、確定した決算における確認取引の対価の額が相互協議の合意が成立した事前確認の内容に適合していないことにより所得の金額が過大となることが判明した場合には、補償調整に係る相互協議の合意内容に従い、申告調整により当該所得の金額を修正することができる。
ニ　確認法人は、確認事業年度に係る確定申告後に、確認取引の対価の額が相互協議の合意が成立した事前確認の内容に適合していないことにより所得の金額が過大となっていたことが判明した場合には、補償調整に係る相互協議の合意内容に従い、国税通則法第23条第2項（更正の請求）の規定に基づき更正の請求を行うことができる。

　移転価格事務運営要領6-19の(2)では、法人税確定申告書上の調整を行う場合の取り扱いについて規定しています。申告書上の調整については「補償調整」といいます。
　補償調整についてはバイAPAかユニAPAかで、取り扱いが異なります。所得が過大となっていた場合、バイAPAであれば相互協議の合意を経て調整可能ですが、ユニAPAの場合には補償調整することができませんので注意が必要です。

【申告書上の調整（補償調整）〈バイAPA〉】

区　分	時　期	調整方法
所得過少	確定申告提出前	申告加算
所得過少	確定申告提出後	修正申告
所得過大	確定申告提出前	申告減算（ただし相互協議合意が必要）
所得過大	確定申告提出後	更正の請求（ただし相互協議合意が必要）

【申告書上の調整(補償調整)〈ユニAPA〉】

区　分	時　期	調整方法
所得過少	確定申告提出前	申告加算
	確定申告提出後	修正申告
所得過大	確定申告提出前	原則として補償調整不能
	確定申告提出後	原則として補償調整不能

　事前確認を成立させたのですから、できるだけ取引価格の見直しを行って確認された内容に沿った取引になるように変更していくことが本来の姿だと思います。ただ企業の経営上のポリシーは価格設定にも結び付くことから、税務面だけからの修正がスムーズに適用されるかは簡単ではない場合もあり、そのあたりはよく議論される必要があろうかと思います。結果によっては、そもそもの移転価格ポリシーを見直すことも視野に入れておく必要があると考えます。

第2節 年次報告書

1 年次報告書の提出

　確認通知を受領した法人は、確認通知に定められた期限までに「独立企業間価格の算定方法等の確認に関する報告書」を提出するように移転価格事務運営要領6-17に規定しています。

> **（報告書の提出）**
> 6-17　所轄税務署長は、確認法人に対し、確認事業年度の確定申告書の提出期限又は当該所轄税務署長があらかじめ定める期限までに、次の事項を記載した資料を添付した「独立企業間価格の算定方法等の確認に関する報告書」を別紙様式8により作成し、これを当該所轄税務署長に提出するよう求める。
> 　なお、当該報告書の提出部数は、調査課所管法人に該当する確認法人にあっては1部、調査課所管法人に該当しない確認法人にあっては3部とする。
> (1)　確認法人が確認取引について事前確認の内容に適合した申告を行っていることの説明
> (2)　確認法人及びその国外関連者の確認取引に係る損益の明細並びに当該損益の額の計算の過程を記載した書類（事前確認の内容により局担当課が必要と認める場合に限る。）
> (3)　事前確認の前提となった重要な事業上又は経済上の諸条件の変動の有無に関する説明
> (4)　確認取引の対価の額が事前確認の内容に適合しなかった場合に、確認法人が行った6-19(2)に定める対価の額の調整の説明
> (5)　確認法人及び確認取引に係る国外関連者の財務状況

(6) その他確認事業年度において確認取引について事前確認の内容に適合した申告が行われているかどうかを検討する上で参考となる事項

（注） 当該所轄税務署長があらかじめ定める期限が日曜日、祝日法に規定する休日その他一般の休日又は国税通則法施行令第2条第2項に規定する日に当たるときは、これらの日の翌日までに提出するよう求める。

報告書の提出期限については「確認通知受領」の際に当局と協議して定める場合が多いようですから、実情に沿った期限となるように十分意見交換しておくことが有効と考えます。

また事業活動は常に変貌していく生き物という側面を備えていることから、特に事前確認の前提となった重要な事業上、経済上の諸条件の変動については特に注意を払う必要があります。取引実態を定期的に確認しておき、異動があれば適時適切な対処が求められます。

2 年次報告書の審査

年次報告書が提出されると国税局の担当課で審査が行われ、事前確認の内容に適合した申告が行われているか否かの検討が行われます。

移転価格事務運営要領6－18に規定しています。

（報告書の取扱い）
6－18
(1) 確認法人から、6－17に定める報告書の提出があった場合には、署法人税部門又は局調査課は6－5及び6－6の取扱いに準じて処理を行う。
(2) 局担当課は、当該報告書に基づき、確認取引について事前確認の内容に適合した申告が行われているかどうかを検討する。
(3) 局担当課は、当該報告書の検討において、確認法人に接触する場合には、原則として、行政指導として行うことに留意し、確認事業年度において確認取引について事前確認の内容に適合した申告が行われておらず、所得の金額が過少となっていると疑われる場合には、当該確認法人

に対して自発的な見直しを要請した上で必要に応じて修正申告書の自発的な提出を要請する。
　確認法人が行政指導に応じない場合には、調査に移行することに留意し、局担当課は国税通則法に規定する調査手続に従って調査を実施する。また、局担当課は、調査の結果、確認事業年度において確認取引について事前確認の内容に適合した申告が行われておらず、所得の金額が過少となっている事実が判明した場合には、当該確認法人に対し調査の結果を説明した上で修正申告書の提出が必要となる旨を説明する。
　なお、確認法人に対し調査又は行政指導に当たる行為を行う際は、対面、電話、書面等の態様を問わず、いずれの事務として行うかを明示した上で、それぞれの行為を法令等に基づき適正に行うことに留意する。
（注）　局担当課による行政指導により、当該確認法人が自主的に修正申告書を提出する場合には、当該修正申告書は、国税通則法第65条第1項及び第5項に規定する「更正があるべきことを予知してされたもの」には該当しないことに留意する。
　　　また、修正申告書が同条第5項の調査通知後に提出された場合であっても、事前確認の内容に適合させるための部分は、同項に規定する「調査通知がある前に行われたもの」として取り扱うことに留意する。
(4)　局担当課は、必要に応じ当該報告書の検討結果を庁担当課に報告し、相互協議の合意が成立した事案については庁担当課を通じて検討結果を庁相互協議室に連絡する。

　審査の結果、申告している所得金額が過少となっていると認められる場合には、納税者に対して自発的な修正申告を求めてきます。
　これら国税局担当課の活動は「行政指導」として行われるもので、納税者が自発的に提出した修正申告には、国税通則法第65条第5項に規定する「更正があるべきことを予知してされたもの」には該当しないので、加算税が賦課されることはありません（ただし延滞税は賦課されることになります）。

【年次報告書様式】

様式8

独立企業間価格の算定方法等の確認に関する報告書

受付印	確認法人		※整理番号	
			※連結グループ整理番号	
平成　年　月　日	□連結親法人 □単体法人	(フリガナ) 法 人 名		
		納 税 地	〒　　　　電話（　）－	
		(フリガナ) 代表者氏名		印
国税局長 税務署長　殿		(フリガナ) 責任者氏名		
		事 業 種 目	資本金	百万円

租税特別措置法第66条の4第2項又は第68条の88第2項に掲げる独立企業間価格の算定方法及びその具体的内容について、次のとおり申告が行われていることを報告します。

			※税務署処理欄	整理番号	
(確認の対象が連結子法人である場合)	(フリガナ) 法 人 名			部　門	
	本店又は主たる事務所の所在地	〒　　　（　局　署）電話（　）－		決算期	
	(フリガナ) 代表者氏名			業種番号	
	(フリガナ) 責任者氏名			整理簿	
	事 業 種 目	資本金　　百万円		回付先	□親署⇒子署 □子署⇒親署

国外関連者	名　　称	
	本店又は主たる事務所の所在地	
	代 表 者 氏 名	
	事 業 種 目	

報告（連結）事業年度	自　平成　年　月　日（連結）事業年度　至　平成　年　月　日（連結）事業年度
確 認 取 引	
独立企業間価格の算定方法	
補 償 調 整 の 有 無	有・無　補償調整の方法及びその金額等　イ□　ロ□　ハ□　ニ□（　　　　　）
移転価格事務運営要領等に定める事項を記載した資料	(1) □　(2) □　(3) □　(4) □　(5) □ (6) □（　　　　　　　　　　　）
(その他特記事項)	

税理士署名押印　印

(注) 各欄に記載できない場合には、適宜の用紙に記載して添付してください。

※税務署処理欄	部門	決算期	業種番号	整理簿	備考

納税者がこの行政指導に応じない場合には、事前確認は取り消されて調査に移行することとなっています。

移転価格事務運営要領の改正

わが国の事前確認制度運用上の実務的な指針は、国税庁の「移転価格事務運営要領」第6章「事前確認」です。この度、平成30年2月16日付で「移転価格事務運営要領」の一部改正について(事務運営指針)が発表されました。

今回の改正において「事前確認」の基本的な方向性は維持されていますが、実務的な側面で重要なポイントがいくつか織り込まれていると思われます。以下、筆者なりの見地からそのポイントを整理してみました。

1 「事前相談」の重要性

従来から「事前相談」の重要性は、実務に携わる方々の中では十分に認識されていたところですが、今回の「移転価格事務運営要領」の改正点を通じて、当局としてもその重要性を改めて強調する姿勢が感じられるところです。

具体的には、6-10(事前相談)の中で、6-14(1)、(2)や6-15(2)を引用する形で、事前相談の段階であっても、「事前確認を行わない」「事前確認審査の開始を保留する」や相互協議が成立し難い状況であることから「事前確認申請の取り下げあるいはユニAPAへの切り替えを求める」などの取り扱いがあることを明示しています。

つまりダメなものはダメという見解を、事前相談段階からでも示していくという姿勢を改めて示したものと考えられます。

さらに、6-2(事前確認の申出)の中(1)なお書きで、事前確認申出を収受した段階で「事前相談」を経ていない場合には、収受した税務署長が「事前相談」を行った上で事前確認の申出を行うよう指導する旨を規定していることからも、「事前相談」を非常に重視していると受け取れるところです。

2 資料の提出期限を明示

6-11(事前確認審査)(3)においては事前確認の申出に必要な資料の添付がなかった場合における資料の提出について、(4)においては事前確認審査過程において追加的に必要と認められる資料の提出について、いずれも資料の提出に通常要する日数を勘案して45日を超えない範囲内で提出期限を設定することが明記されました。

これまでも当局の審査担当者が申請内容及び添付資料の確認を行った上で、審査に必要と判断した資料については準備に要する期間を勘案して申請法人に資料依頼を行っていましたが、審査迅速化の観点から期限の縛りを設けたことになります。

　今後は申請内容に係る様々な資料についてどのような資料が追加で必要となるのか、事前相談の場などを利用して税務当局に確認しておく必要がより高まっていると考えられます。ただし、確認対象取引に係る将来予測などについてどの程度の正確さを求めるかにより申請法人として難しい判断を求められることが予想されます。

3　事前確認を行うことが適当でない場合の例示を追加

　6－14(1)においては、従来から経済合理性の無い取引など事前確認を行うことが適当でない場合の例示を掲げていました。

　改正ではこれに加えて、必要な資料の提出が無い場合、過去の申出で確認できないとされたものと同一内容の場合、確認対象取引が法令等に抵触するか、そのおそれがある場合、相互協議が成立しない状況となったことから取り下げまたはユニAPAへの変更の意向確認をしてから3か月経過して回答が無い場合、その他の場合と具体的な例示を追加して掲げました。

　税務当局が受け入れ可能な内容なのか、相互協議相手国の状況なども十分に検討した上で事前確認を申請するか否かを判断する必要があるといえます。

4　事前確認審査を保留する場合の例示を追加

　従来から6－14(2)において事前確認審査を保留する場合が規定されていましたが、今回の改正で相互協議相手国等の税務当局で事前確認の申出に相当する申出が収受されていないような場合、相互協議相手国等との相互協議が当分の間行われる見込みがない場合、確認対象取引と同様の国外関連取引に対して移転価格調査が行われている場合、その他の場合が追加的に明示されています。

　上記の背景として、ある国家との事前確認においては、日本側で申請書が提出されても、当該国家側で正式な申請書受理の前に事前相談での協議及び合意が前提とされているため、正式に受理されるまでに相当の期間を要し、

相互協議が行われていない状況があるようです。

今回の改正は、このような状況に関して国税庁の対応を明確化したものと考えられます。

5　事前確認申出から相当期間を経過した場合の取り扱いの明確化

6－15（事前確認の通知）の(2)において、相互協議を伴う事前確認の申出について、イ）相互協議の合意ができなかった場合、ロ）申出の提出期限の翌日から3年を経過しても相手国において申出が収受されていないまたは収受される見込みがない場合、ハ）過去に相互協議が成立しなかったものと内容が同一である場合には、申出の取下げまたは相互協議を伴わない事前確認のいずれとするかを法人から聴取し、聴取の日の翌日から3か月を経過する日までに法人から回答がない場合には、事前確認を行うことができない旨の通知を行うことを明記（6－14(1)ホ）しました。

今回の改正では、日本側での審査等が終了しているにもかかわらず申請から3年経過しても相手国において申出が収受されていないケースなどへの対応が図られたようです。

目安となる3年については、事前確認期間が3年または5年とされていることと関係しているものと考えられ、対象期間が3年の場合には当該期間終了までに何らかの結論を出す必要があるためと推測されます。

　　　　　　　　　＊　　　　　　　　　＊

国税庁は、事前確認に関しての今回の改正は事前確認申請審査を効率的かつ迅速に行う必要があるとの認識に基づくものである旨明らかにしています。

確かに処理の迅速化に資する改正事項が中心なのですが、そもそも事前確認を安易に考えて申出を行うケースに対して警鐘を鳴らす意味もあるのではないでしょうか。

わが国税務当局が事前確認審査について「調査」と同じ姿勢で取り組むことは、従来から6－11で表明しているところです。さらに相互協議を前提にした場合の相手国税務当局においての取扱いも、それぞれの国や地域で温度差があるとはいえ相当厳格なものであることは間違いありません。

今後「事前確認」による移転価格上のリスク低減に向けての取り組みは、

これまで以上にわが国ならびに相手国税務当局との連絡を密にする中、より高度で適切な対応と判断を求められていくものと考えています。

― 【著者紹介】 ―

大沢 拓
　弁護士・カリフォルニア州弁護士（ジョーンズ・デイ法律事務所）。平成23年7月から平成25年7月まで、大阪国税局調査第一部国際調査審理官（任期付職員）。任期中、相当数の移転価格事案に関与し、任期満了後は、文書化案件への助言の他、移転価格税制に関する発信（セミナー、著作）を行う。

▶合同会社フォース（FORCE L.L.C 2017年設立。国際課税等の動向、分析業務）メンバー

牛島 慶太
　大阪国税局国際情報第1課長、調査第一部調査管理課長、総務部次長を経て平成26年7月堺税務署長で退官、同年税理士登録。関西大学非常勤講師。

平野 潤一
　大阪国税局調査審理課長、調査第二部総括課長を経て平成28年7月姫路税務署長で退官、同年税理士登録。
　移転価格関係部署としては、同局国際情報第2課長、特別国税調査官（移転価格担当）、国際情報課長補佐、国際情報専門官を歴任し、移転価格課税から相互協議合意を経た課税処理決着までの課税案件、申出から審査に至るAPA案件に多くの関与経験を持つ。

梶巻 重幸
　国税局調査部経験は24年に及び、その間国際調査課、国際情報課、庁国際業務室併任等、国際関係課で15年の勤務経験を持つ。
　移転価格関係では、国際調査専門官時代にIGS（グループ内役務提供）通達化等に携わり、その後は国際情報課課長補佐、主任国際調査審理官、国際情報第1課長を歴任し、多数の課税事案への関与経験を有する。
　平成28年7月東住吉税務署長で退官、同年税理士登録。

坂本 安孝
　大阪国税局入局、移転価格の草創期以後通算9年移転価格事務に従事する。
　平成22年退官、その後税理士法人トーマツで移転価格コンサルタント業務に従事、平成27年9月税理士事務所を開業、16年以上の移転価格実務の経験を有する。
　この間、移転価格調査、相互協議支援、事前確認（APA）の審査及びサポートなど多数の案件への関与経験を持つ。

移転価格ローカルファイル作成実務と実践上の留意点

2018年4月25日　発行

編著者	大沢　拓／牛島　慶太／平野　潤一
	梶巻　重幸／坂本　安孝
発行者	小泉　定裕
発行所	株式会社 清文社

東京都千代田区内神田1-6-6（MIFビル）
〒101-0047　電話03(6273)7946　FAX03(3518)0299
大阪市北区天神橋2丁目北2-6（大和南森町ビル）
〒530-0041　電話06(6135)4050　FAX06(6135)4059
URL http://www.skattsei.co.jp/

印刷：奥村印刷㈱

- ■著作権法により無断複写複製は禁止されています。落丁本・乱丁本はお取り替えします。
- ■本書の内容に関するお問い合わせは編集部までFAX(03-3518-8864)でお願いします。
- ■本書の追録情報等は、当社ホームページ（http://www.skattsei.co.jp/）をご覧ください。

ISBN978-4-433-61508-6